우치다 다쓰루內田樹

여전히 책만이 열 수 있는 새로운 세계가 있다고 말하는
애서가이자 책이 놓인 공간의 힘을 믿는 장서가이며 책은
물론이고 주변의 글까지 섭렵하는 '활자 중독자'.
도쿄대학교 불문과를 졸업하고 도쿄도립대학 대학원의
박사과정을 수료했다. 박사과정 중에 에마뉘엘 레비나스의
『곤란한 자유』를 읽고 감명받아 평생의 스승으로 삼고 레비나스
철학 및 반유대인 사상을 연구했다. 블로그 '우치다 다쓰루의
연구실'을 운영하며 문학, 철학, 정치, 교육, 영화, 무도 등
다양한 주제로 거침없이 뻗어 나가는 글로 비판적 지성을
보여 주어 '거리의 사상가'로도 불린다.
『푸코, 바르트, 레비스트로스, 라캉 쉽게 읽기』, 『하류지향』,
『스승은 있다』 등 60여 권의 단독 저서와 70여 권의 공저·대담집
등을 펴냈다.

박동섭

사상가와 철학자들의 언어를 대중도 이해할 수 있는 언어로
설명하고 알리고자 애쓰고 있다.
『심리학의 저편으로』, 『성숙, 레비나스와의 시간』,
『에스노메소돌로지』, 『동사로 살다』, 『우치다 선생에게
배우는 법』 등을 썼고, 『단단한 삶』, 『심리학은 아이들 편인가』,
『레비나스 타자를 말하다』 등을 우리말로 옮겼다.

도서관에는 사람이 없는 편이 좋다

안지그레지메다오 : 후ㅂ지옹료

기억의 ㅁㅡㄷ : 지ㅇㅐㅇㅇㅣ 이ㅂㄹㅇ 시ㄹ앙ㅇㅣ 시ㅂㅇㅎㅇ

들어가는 말
이런 책이 읽고 싶었다

여러분, 안녕하세요? 우치다 다쓰루입니다.

이번에 선보이는 이 책은 제가 여기저기에 쓴 책과 도서관에 관한 글을 박동섭 선생이 골라 번역해 주신 이른바 '콤비 책'입니다. 이번에 직접 쓴 것도 있고 강의록도 있고 블로그에 썼던 '신변잡기'도 있습니다. 출처는 다양하지만 내용은 전부 '책 이야기'입니다. 먼저 이 글들을 모아 책 한 권으로 정리해 주신 박 선생의 노고에 감사드립니다. 정말로 큰 신세를 졌습니다.

이 책은 도서관, 학교 교육, 출판 위기와 전자책에 관한 이야기를 두루 아우릅니다. 그리고 읽어 보면 아시겠지만, 책에 관한 제 생각은 꽤 독특합니다.

저는 '책을 사는 사람'과 '책을 읽는 사람'을 구분하고, 제가 볼일이 있는 쪽은 '책을 읽는 사람'이라고 단언합니다. 이렇게 공언하는 사람은 아마도 일본의 전업 작가 중에는 거의 없을 것입니다. 한국은 어떨까요. 아마도 사정이 그리 다르지 않겠지요.

중학생 때 등사판으로 밀어 SF 동인지를 출판했을 때부터 저는 일관되게 길 가는 사람 소매를 붙잡고 "부디 읽어 주세요!"라고 간청하는 자세를 견지해 왔습니다. 대학생 때는 정치 전단과 팸플릿을 역시 등사기로 찍어 캠퍼스에 배포했지요. 학자가 된 후에도 초기 저작은 전부 자비로 출판했습니다.

지금까지 '시장의 수요'가 제 글쓰기의 동기였던 적은 한 번도 없습니다. 왜냐하면 제가 쓴 글에 '수요' 같은 것은 없었으니까요. 아무도 "써 줘!"라고 말하지 않았습니다. 그저 제가 꼭 하고 싶은 말이 있어서 쓰고 인쇄하고 배포했습니다. 이것이 저의 기본 자세입니다.

저는 시장 원리와는 원체 인연이 없었습니다. 시장 원리에 따른다면 '이런 책을 읽고 싶다'는 독자의 수요가 먼저 존재하고 그에 맞춘 상품이 공급되어야겠지요. 하지만 저는 그런 건 거짓말이라고 생각합니다.

사실 거짓말이라고 하는 것은 좀 과언이고요. 출판 업계에는 그런 수급 관계가 성립하는 측면이 있을지도 모르겠습니다. 그런데 책이 쓰이기 전에 그 내용을 앞당겨 맞이하면서 '이런 책을 읽고 싶다'고 생각하는 독자의 '잠재적 수요' 같은 것이 정말로 있을까요? 저는 없다고 생각합니다. 그것이 아니라 책이 먼저 쓰이고 그 책을 읽은 독자가 "이런 책을 읽고 싶었던 거야!"라고 환호성을 지르는 것이 진짜 순서가 아닐까요.

물론 '이런 책을 읽고 싶었다'는 독자의 반응은 읽은 후에 독자가 만든 '이야기'입니다. 자신이 오랫동안 찾아 왔던 '읽고 싶은 책'의 조건을 딱 충족시키는 책과 드디어 만났다는 이야기만큼 우리를 달뜨게 하는 것은 없죠. 그러므로 우리는 책을 만난 후에 '그 책을 오랫동안 기다려 온 나'라는 상을 빚어 냅니다. 사후에 기억을 개조하는 거죠. 급히 덧붙이자면 이것은 전혀 나쁜 일이 아닙니다. 인간은 그렇게 기억을 고쳐 쓰면서 살아가는 생명체니까요.

'이런 책을 읽고 싶었다'는 말은 읽은 뒤에나 나올 수 있습니다. 그래서 시장 원리에 따르는 출판인들이 마치 나무나 돌을 가리키듯이, 꼭 자연물처럼 '독자의 수요'를 입에 담는 것에 저는 강한 위화감을 느꼈습니다. 독자의 수요란 책이 쓰이기 전에 스스로 존재하는 것이 아니라 책이 쓰인 후에 창조되는 것이니까요.

저는 제 집필 활동을 '전도'라고 생각합니다. 아무도 부탁하지 않았는데 길거리에서 "길 가는 여러분, 제 이야기를 들어 주세요"라고 외치는 사람 말입니다. 부탁받지도 않았고 아무도 바라지 않는데도 발품을 팔고 없는 돈을 써 가면서 '드리고 싶은 말씀'을 사람들과 나누는 게 꼭 전도사 같죠.

저는 어느 때는 레비나스의 전도사이고, 어느 때는 카뮈의 전도사이고, 어느 때는 무라카미 하루키의 전도사이고, 소설가 하시모토 오사무와 음악가 오타키 에이이치의 전도사이고 오즈 야스지로의 전도사이기도 합니다. 이처럼 다양하게 전도하고 있지만 모두 "돈을 낼 테니 써 주세요"라는 부탁을 받아서 하는 일이 아닙니다. 읽는 사람이 있든 없든 이 사람들의 위대함에 관해서 제가 꼭 하고 싶은 말이 있어서 쓰는 겁니다.

어쩌다 보니 제 글을 상품으로 유통하고 돈을 벌 수 있게 되었지만 생계를 꾸리려고 책을 쓴 것은 아닙니다.

책만 써서 생활이 가능하다면 얼마나 즐거울까 몽상한 적은 있지만 그저 '그렇게 되면 좋겠다'는 꿈일 뿐이었죠. 생계를 꾸릴 수 있든 없든 관계없습니다. 아무도 사주지 않으면 스스로 발품을 팔고 제 돈을 들여서라도 배포합니다. 왜냐하면 제가 하는 일은 전도니까요.

사도들이 예수에게 "저희도 생활이 있으니 스승님의 가르침을 전도하면 아르바이트 비용을 챙겨 주시겠습니까?"라고 말하거나 교회에서 나온 이가 "자, 지금부터 전도를 시작할 텐데 저희도 생활이 있으니 가르침을 전할 때 들으시는 분에게 미리 돈을 좀 걷겠습니다"라고 말하는 모습을 상상할 수 있습니까? 전도에는 시장도 없고 수요도 없고 대가도 없습니다. 저는 이런 생각으로 반세기 이상 글을 써 왔습니다. 이 책은 이런 '이상하고 특이한 사람'이 쓴 책에 관한 책입니다.

만약 이 책을 읽은 분이 "이런 책을 읽고 싶었던 거야!"라고 말씀해 주신다면 저에게 그만큼 기쁜 말은 없겠습니다.

일본의 독자들에게

라는 제목을 보고 놀란 분이 계시겠지요. 그렇습니다. 이 책은 '한국어판'이 먼저고 그 다음에 '일본어판'이 출간되었습니다. 흔한 일이 아니라서, 이 자리에서 속사정을 좀 이야기해 보려고 합니다.

저는 십여 년 정도 전부터 매년 한국에 가서 강연 여행을 합니다. 처음에는 교육을 주제로 한 강연 의뢰가 대부분이었습니다. 제 책『스승은 있다』와『교사를 춤추게 하라』가 한국에 비교적 먼저 소개되었기 때문입니다. 시간이 지나고 제가 쓴 다른 분야의 책도 점차 번역되기 시작했지요.『망설임의 윤리학』,『레비나스와 사랑의 현상학』,『레비나스, 타자를 말하다』,『우치다 다쓰루의 레비나스 시간론』 같은 어려운 책도 한국에서 출간되었습니다. 지금까지 마흔여섯 권 정도 번역되었다고 하네요. 이것은 오로지 이 책,『도서관에는 사람이 없는 편이 좋다』를 기획한 박동섭 선생이라는 헌신적이고도 아주 유능한 번역자 덕분입니다.

선생은 '이 세상의 유일한 우치다 다쓰루 연구자'라고 이름을 내걸 정도로 우치다 다쓰루 사상에 정통한 사람입니다. 제 책은 물론이거니와 제가 블로그에 쓴 글이나 SNS에 쓴 글 그리고 아무도 알지 못할 것 같은 매체에 기고한 글까지 망라해 수집하는 특이한 사람이기도 하지요. 처음 만났을 때 선생은 비고츠키 심리학을 전공한 대학 교수였지만 지금은 대학 교단에 서는 대신 '독립연구자'로서 관심이 있는 분야의 연구를 하거나 책을 쓰고, 세미나를 열고, 저의 책을 비롯한 일본의 다양한 분야 책을 한국 독자에게 소개하는 일을 하고 있습니다.

한일의 문화적 상호 이해를 위해 선생만큼 온 힘을 쏟는 사람은 좀처럼 찾기 어렵습니다. 한일 양쪽의 정부에게서 '한일의 상호 이해와 상호 신뢰 조성을 위해 큰 공헌을 하였다'는 훈장을 받아도 좋을 정도로 활약을 하고 있지요. 안타깝게도 지금 두 나라 정부에서는 한일 국민이 상호 이해를 돈독하게 하는 데 별 관심이 없는 듯합니다. 이런 일이야말로 ODA와 합동군사훈련보다도 훨씬 가치가 있다고 생각하지만……. 이런 불평을 말해 봤자 소용없겠지요. 여하튼 선생 덕분에 제 책이 한국에 꾸준히 소개되어 "우치다 다쓰루라는 사람이 이런저런 다양한 책을 쓰나 보다"라고 알려졌습니다.

급기야 "한국에서 기획한 '한국 오리지널' 우치다 다쓰루 책을 내고 싶다"고 제안하는 출판사까지 등장했습니다. 저도 깜짝 놀랐지요. 이 년 전에 서울에 갔을 때 그 출판사 관계자분과 만났습니다. 저에게 열심히 책 기획 이야기를 하셨지만 널리 알려진 바와 같이 저는 책 여러 권을 동시에 쓰는 이른바 문책文債을 떠안고 있어서 "아직인가요? 아직인가요?" 하는 편집자의 채근에 난감해하며 사는 게 '디폴트'라 새 책을 쓰는 것은 아무래도 무리라고 말씀드렸습니다. 그런데도 "우치다 선생님 책을 기다리는 한국 독자를 위해서 꼭 부탁드립니다!"라고 간청하시는 바람에 저도 마음이 흔들려 결국 이렇게 말했죠. "그러면 출판사 측에서 저에게 묻고 싶은 것을 질문하시고 그 질문에 제가 대답하는 형태로 책을 써 보도록 하죠."

그렇게 편지가 일 년 정도 오고갔습니다. 모은 편지를 '우치다 다쓰루의 공부론'이라는 가제를 붙여 작업하고 있지요. 이 또한 한국에서 먼저 출간한 다음 일본에서 이어 출간할 예정입니다.

이 책 『도서관에는 사람이 없는 편이 좋다』는 한국에서 먼저 출간된 책이지만 일본어로 썼고, 일본에서 이미 공개한 글을 모은 책입니다. 이 책의 주된 내용은 제가 2023년 여름에 도서관 사서들이 모인 자리에서 한 강연입니다. 강연록이 학교도서관문제연구회의 회지에 실리긴 했지만 학회지라 독자가 별로 없었지요. 이 내용을 여러 사람에게 알리고 싶은 마음에 블로그에 다시 올렸고, 그 글을 읽은 박동섭 선생이 도서관과 책을 주제로 글을 모아 보자는 아이디어를 떠올린 겁니다. 이 책은 그렇게 만들어졌습니다.

이 책은 한국에서 2024년 4월에 출간되었는데요. 그간 한국에서 출간한 제 책 중에서도 초기 반응이 좋았고, 여러 언론의 주목을 받았습니다. 박동섭 선생이 보여준 기획력의 승리라고 볼 수밖에 없지요.

이런 이야기를 SNS에 올리니 아르테스 출판사의

스즈키 시게루 씨가 이 책을 일본에서 출간하고 싶다고 연락을 주었습니다. 하지만 스즈키 씨에게 솔직히 말씀드렸습니다. 사실 일본에서 단행본으로 낼 정도는 아니라고요. 한국 독자 입장에서 보면 모두 처음 보는 글이겠지만 일본 독자에게는 그렇지 않으니까요. 게다가 이 책에 수록된 글 대부분은 제 블로그에 이미 업로드되어 있어서 지금도 읽을 수 있습니다. 사서를 대상으로 한 강연 내용의 반은 다른 책에 이미 싣기도 했고요.

그러니 지금 이 글, '일본의 독자들에게'를 읽으시는 분들에게도 당부 말씀을 드립니다. 이 책을 파라락 펼쳐 읽다 보니 강한 기시감에 휩싸여 "아, 내가 데자뷔를 경험하고 있는 걸까?" 하며 머리가 어질어질해지더라도 안심하세요. 그냥 같은 글을 읽었을 뿐입니다. 그리고 책을 읽지 않고 사지는 마시고, 대강 읽어 보고 '이미 읽은 내용'과 '아직 읽지 않은 내용'의 비율이 음…… 3:7 정도면 구매하셔도 좋겠습니다. 이미 읽은 내용이 40%를 넘는다 싶으면 서가에 슬쩍 갖다 두세요.

그런데 말이죠. 좋아하는 음악가의 베스트앨범을 살 때를 생각해 보면 어떨까 합니다. '여기 실린 대부분의 곡은 갖고 있지만, 이 곡과 이 곡은 이 앨범에만 실려 있으니까' 살 때가 있지 않나요? 그러니 이 책도 그런 느낌으로 읽어 주면 고맙겠습니다.

이 책은 도서관과 책, 출판에 관한 책입니다. 저는 책을 아주 좋아합니다. 지금 읽고 있는 책도, 앞으로 읽을 책도, 아마 읽지 않고 생애를 마칠 책도, 읽었으나 내용을 완전히 잊어버린 책도 모두 깊게 사랑하고 있습니다. 종이책이든 전자책이든, 베스트셀러든 이제는 찾는 사람이 거의 없는 책이든 모든 책에 신의 축복이 충만하기를 저는 바랍니다.

제가 이 책에서 말하고 싶었던 것은 두 가지입니다. 하나는 책의 역사는 자본주의의 역사보다 길다는 것, 또 하나는 책은 설령 읽는 사람이 백 년 동안 단 한 명도 없더라도 보존될 가치가 있다는 것입니다. 제가 이렇게 생각하게 된 이유가 이 책에 담겨 있습니다.

제가 그 이유에 확신을 갖게 된 것은 『존 윅2』를 보고 나서입니다. 책에서도 이야기하지만, 뉴욕의 킬러에게 쫓기던 존 윅은 뉴욕의 공공도서관에 몸을 숨깁니다. 인적이 없는 서가의 한쪽 구석에 있는 두꺼운 책 안을 도려내어 소중한 보물을 숨겨 놓았는데 그걸 찾으러 간 것이지요. 물론 보물은 거기 고스란히 있었습니다. 그가 책

안에 보물을 숨겨 놓은 동안 아무도 그 책을 열어 보지 않은 겁니다. 저는 그 장면을 보고 무심코 중얼거렸습니다. "도서관은 역시 이래야 하지." 이 점이 도서관의 굉장한 점이라고 생각했습니다.

　　도서관은 '보존하는 곳'입니다. 책이든 미술품이든 음악이든, 무엇이 보존된 장소에는 어느 샌가 모종의 '심연'이 입을 열고 있어서, 거기에 몸을 던진 사람은 '지하수맥'에 닿을 수 있습니다. 이 책은 이런 '이상한 이야기'를 하는 책입니다. 이 이상한 이야기에 여러분을 초대할 수 있게끔 박동섭 선생이 애를 써 주었습니다. 고맙습니다.

들어가는 말 : 이런 책이 읽고 싶었다　　　　　　　9

일본의 독자들에게　　　　　　　　　　　　　　15

　　1장 : 도서관에 관하여 ───────

도서관에는 사람이 없는 편이 좋다　　　　　　27

도서관은 내가 얼마나 무지한지 가르쳐 주는 장소다　　37

도서관은 현실과 '이 세상에 속하지 않은 것' 사이에

　　존재한다　　　　　　　　　　　　　　　41

도서관은 새로운 세계로 통하는 문이며 사서는 문지기다　69

도서관에 마녀가 있을 곳을 확보해야 한다　　　101

　　2장 : 책에 관하여 ───────

인류는 종이책보다 더 나은 것을 발명하지 못했다　　119

책은 지금 여기에 없는 필요를 위해 존재한다　　125

책은 독자를 '지금이 아닌 시대, 여기가 아닌 장소'로

　　데려간다　　　　　　　　　　　　　　135

책장에는 나의 이상적 자아가 담겨 있다　　　147

읽지 않은 책에 둘러싸여 여생을 보내는 일　　155

독'서'(書) 대신 독'자'(字)　　　　　　　　163

3장 : 출판에 관하여 ———————————

독자는 소비자가 아니다   173

책은 상품이 아니다   189

종이책과 전자책은 완전히 다르다   203

출판은 독자를 이끄는 전도 활동이다   211

옮긴이의 말 : 우치다 다쓰루 팬을 한 명이라도 더

　　확보하기 위하여   225

추천의 말 : '도서관적 시간'을 되찾기 위하여   235

1장 : 도서관에 관하여

도서관에는
사람이 없는 편이 좋다

공공도서관 사서들의 연차 총회에서 도서관의 역할에 관한 제언을 듣고 싶다고 요청해 주셔서 강연을 했습니다. 그때 규슈의 어느 시립도서관 이야기를 했습니다.

그 도서관은 민간업자에게 업무를 위탁한 곳이라, 업자는 제일 먼저 도서관이 소장하고 있던 귀중한 향토사 자료를 폐기하고 본인 소유 회사의 불량 재고였던 쓰레기 같은 고서를 구입하는 용서할 수 없는 일을 했습니다. 그렇게 도서관의 학술적인 분위기를 해쳤음에도 도서관에 카페를 들이는 등 세상의 유행을 따르다 보니 고객 만족도가 높아져 도서관을 찾는 사람이 두 배가 되었습니다. 민간 위탁을 추진한 시장은 "봐라, 내 말대로 됐지?" 하고 의기양양했고요. 도서관의 사회적 유용성을 방문자 수나 대출 도서 권수 등의 수치로 판단하는 것은 아무리 봐도 수요와 공급의 관계만을 중시하는 시장 원리주의자의 발상으로 보입니다.

그때 문득 "도서관에는 사람이 없는 편이 좋다"라는 말이 무심결에 입 밖으로 튀어나왔습니다(정말로 문득 그렇게 생각했습니다). 그렇게 말하고 나서 "정말로 그렇네. 왜 도서관은 사람이 별로 없어야 도서관다울까?" 하는 생각에 잠겨서 강연 내내 그 이야기를 했습니다.

도서관 열람실에 사람들이 빽빽이 들어차 입구 밖까지 긴 줄이 늘어서는 것은 도서관을 즐겨 찾는 사람에게도, 도서관 사서에게도 그다지 반가운 풍경은 아닐 거라고 생각합니다. "밤낮으로 사람들이 들이닥쳐서 사람들의 열기로 후끈한 도서관이 이상적이다"라고 말하는 사람은 일단 도서관 관계자 중에는 없을 겁니다.

도서관은 보통의 '점포'와는 다른 공간입니다. '도서관 방문자 수가 두 배 늘었으니 도서관의 사회적 유용성이 두 배가 되었다'는 단순한 추론에 아무런 위화감도 느끼지 못하는 사람들은 솔직히 말해서 도서관에 관해 이러쿵저러쿵 말하지 않았으면 합니다.

제가 그동안 방문한 도서관이나 도서실 가운데 지금까지 좋은 추억으로 남아 있는 곳은 모두 사람이 거의 없는 곳입니다. 제가 가기 전에는 누구의 손길도 닿지 않은 듯한 고문서를 노트에 필기하며 읽던, 어스레하고 고요한 파리 국립도서관 열람실. 오래된 문서를 장시간 심취해서 읽었던, 석양이 들이비친 로잔 올림픽 박물관 도서실. 문헌을 찾느라 몇 시간이나 보냈던 도쿄도립대학 도서관의 싸늘한 폐가 서고. 저에게 '정겨운 도서관'은 모두 사람이 거의 없는 공간이었습니다. 아마도 사람 없고 조용한 공간이 아니면 '책'이 저를 향해 신호를 보내는 불가사의한 일이 일어나기 힘들기 때문일 테죠. 정말로 그렇습니다.

책이 저를 향해 신호를 보내는 경우가 있습니다. 고요한 도서관에서 서가 사이를 돌아다닐 때 그런 일이 일어나지요. 그럴 때면 제가 이 세상을 전혀 모른다는 사실에 압도당하고 맙니다. 끝없이 이어지는 서가의 거의 모든 책을 저는 읽은 적이 없기 때문입니다. 이 세계에 존재하는 책의 99.999999퍼센트를 저는 아직 읽은 적이 없습니다. 그 사실 앞에서 망연자실해집니다. 제가 모르는 세계가, 그리고 자칫하면 제가 죽을 때까지 모르고 끝날 세계가 그만큼 존재한다는 당연한 사실 앞에서 종교적이기까지 한 감동을 느낍니다.

이 많은 책 가운데서 제가 평생 읽는 책은 정말로 한정된 수에 지나지 않습니다. 그만큼 인연이 있는 책인 것이지요. 그렇게 생각하며 서가 사이를 배회하다가 문득 어떤 책에 손이 갑니다. 저자 이름 정도만 겨우 알고, 그가 어떤 사람이고 어떤 책을 썼는지는 하나도 모르는 그런 책. 높은 확률로 그 책에는 제가 꼭 알고 싶었던 지식, 그때 제가 꼭 읽고 싶었던 말이 쓰여 있습니다. 정말 높은 확률로 그렇습니다.

사람 없는 도서관 안을 정처 없이 왔다 갔다 한 경험이 있는 이라면 저의 이러한 경험적 확신에 동의할 수 있을 겁니다. 인간에게는 그 정도는 알아챌 수 있는 능력이 갖춰져 있습니다. 그런데 그런 능력을 활성화하려면 몇 가지 조건이 필요합니다.

먼저 도서관에 사람이 없는 시간이 확보되어야 합니다. 가능하면 하루 중 반 이상은 문을 닫는 것이 좋습니다. 만약 365일 24시간 열린 도서관이 이상적이라고 말하는 사람이 있다면 그가 추구하는 곳은 실은 도서관이 아닙니다. 그 사람이 꿈꾸는 시설은 디지털 아카이브로 대체할 수 있을 겁니다. 예컨대 '지금 찾아보고 싶은 것이 있다', '리포트를 완성하려면 내일까지 읽어야 할 책이 있다' 같은 수요를 가진 사람들은 장서가 모두 디지털화되어 집에서 컴퓨터의 키보드를 두들기는 것만으로 필요한 정보를 끄집어낼 수 있다면 두 번 다시 도서관에 가지 않겠지요. 저는 그런 사람들 이야기를 하는 것이 아닙니다.

도서관이란 들어서면 경건한 마음이 드는 장소입니다. 세계는 미지로 가득한 곳이라는 사실에 압도당하기 위한 장소입니다. 그 점에서 기독교의 예배당과 이슬람교의 모스크, 불교의 사원 혹은 신사와 아주 비슷합니다. 이런 곳들에는 사람들이 때때로 와서 기도를 하고 떠나갑니다. 특별한 종교 행사가 없는 한 하루 중 거의 대부분의 시간은 비어 있고요.

아름답게 정돈된 넓은 공간이 어떤 목적으로도 사용되지 않고 아무도 없이 방치된 상태를 '공간의 낭비'라고 생각하는 사람이 있다면 그 사람은 종교와는 전혀 인연이 없는 사람입니다. 저는 그런 사람들 이야기를 하는 것도 아닙니다.

만약 아무도 사용하지 않는 시간이 아깝다는 이유로 교회 예배당을 '노래 교실'이라든지 '자산 운용 설명회'라든지 '재고 상품 세일 장터'로 빌려주면 어떻게 될까요? 이용자들이 떠나고 난 뒤 기도를 하러 예배당에 온 사람들은 "이게 뭐지? 뭔가 공기가 흐트러져 있어" 하고 느낄 것입니다. 무조건 느낄 겁니다. 그 정도 감수성이 없는 사람은 신에게 기도를 올리러 자발적으로 예배당에 오지 않을 테니까요.

이 공기의 흐트러짐은 많은 사람이 거기서 기도 이외의 일을 하고 있었다는 바로 그 사실에 의해 발생합니다. 공기가 진정되기까지는 시간이 걸립니다. 아마도 꼬박 하루쯤 그 장소를 비워 놓지 않으면 공기의 흐트러짐이 치유되지 않을 겁니다. 무엇을 근거로 그렇게 단정하느냐 물어 봤자 제게 특별한 근거는 없습니다. 그런 느낌이 드는 것뿐입니다.

그렇지만 초월적인 것, 외부적인 것, 미지의 것을 어떤 장소에 불러오려면 그곳을 비워 둘 필요가 있다는 사실은 압니다. 천장까지 빽빽이 가구와 집기로 채워져 있고 24시간 내내 사람들이 오가는 예배당이 기도에 걸맞지 않다는 것은 쉽게 알 수 있을 겁니다.

　　그곳은 '아무것도 없는' 곳, '아무 일도 일어나지 않는' 것이 가능한 곳이어야 합니다. 도장도 마찬가지입니다. 저는 자택 1층을 도장으로 사용하고 있습니다. 아침 일찍 도장에 내려가 짧은 독경을 하는 것이 저의 일과입니다. 신도의 축사와 반야심경을 소리 내어 읽습니다. 전날 수련이 끝난 후 아무도 들어오지 않았던 도장의 문을 열면, 싸늘한 공기가 들어오며 공기의 입자가 잘게 쪼개지는 것을 느낄 수 있습니다. 드물게 이틀간 도장에 아무도 발걸음 하지 않기도 합니다. 그때는 문을 열면서 조금 두근두근합니다. 도장의 수련 준비가 제대로 됐다는 느낌 때문이지요.

　　무도를 수련하는 도장은 절의 대웅전이나 교회와 마찬가지로 초월적인 것을 불러들이기 위한 장소입니다. 일종의 종교 시설이죠. 그러므로 제대로 정돈되어 있어야 합니다. 도장은 다다미가 깔려 있을 뿐 아무것도 없는 공간입니다. 하루 동안 문을 여는 사람이 없으면, 아무것도 없는 공간에 아무 일도 일어나지 않은 시간이 그쯤 확보되면 장이 갖추어집니다.

　　유대교의 유월절 식사 의례인 '세데르' 때는 식탁에

자리를 비워 둡니다. 식기나 음식은 갖춰 놓고 자리만 비우는 것이지요. 메시아의 선구자인 예언자가 재림하길 기다리는 자리입니다. 그가 오지 않는다는 것을 알면서도 사람들은 재림을 위해 빈자리 하나를 마련합니다. 아무것도 없는 공간, 아무 일도 일어나지 않는 시간이 '성스러운 것'을 받아들이기 위한 필수 조건임을 알기 때문입니다.

저는 도서관이라는 곳도 본질적으로 초월적인 것을 불러오기 위한 성스러운 장소라고 생각합니다. 그러므로 공간은 가능한 한 널찍하게, 너무 많은 물건은 두지 말고, 조명은 너무 밝지 않게, 소리는 조용하게, 거기서 누군가가 생활하는 느낌이 들지 않게 할 필요가 있습니다. 저자극 환경이어야 하는 겁니다.

비즈니스 마인드를 가진 사람들이라면 아마 이런 이야기를 듣고 코웃음을 치겠지요. 분명히 비웃을 겁니다. "바보 아냐? 그런 쓸데없는 일을 왜 해?"라고요. 그들은 공간 효율을 높이고 최신 조명을 설치해 가능한 한 많은 방문자가 합리적인 동선으로 재빨리 일을 마칠 수 있는 시설이 이상적이라고 말하겠지요. 도서관 서가에 꽂힌 책은 회전율이 높을수록 좋은 책이고, 대출 실적이

낮은 책은 '시장에서 선호되지 않는', 존재 이유가 없는 책이니 쓰레기로 처분하는 편이 낫다고 할 겁니다. 그런 사람들은 아마도 책의 본질에 대해 아무것도 모를 겁니다. 인간이 책을 읽는 일이 어떤 경험인지도요.

강연을 들은 100명 정도의 청중은 거의 도서관 직원들이었는데요, 조용히 저의 이야기에 귀를 기울여 주었습니다. '도서관에는 사람이 없는 편이 좋다'라는 문득 떠오른 한마디로 여기까지 이야기가 흘러올지는 저도 몰랐습니다.

도서관은 내가 얼마나 무지한지 가르쳐 주는 장소다

아시겠지만 도서관은 지금 위기에 빠져 있습니다. 모든 자치단체에서 도서관은 비용 절감의 표적입니다. 도서관은 사회적 유용성을 수치적·외형적으로 증명하기 곤란한 사업이기 때문입니다. 도서관이 시민의 지적 성숙에 어떤 이로움을 주었는지를 연말까지 수치화해 제시하라고 하면 무리죠. 예산을 투입한 만큼 성과를 보이지 못하는 일은 불필요한 사업이라는 말을 들어도 반론이 어렵습니다. 그래서 예산은 삭감되고 사서는 해고되고 도서관 운영은 민영화됩니다.

사서들에게는 '어떤 책을 서가에 꽂는가' 하는 문제

에 시장 원리를 적용하라는 강요가 가장 괴롭다고 하죠. 그들은 "이용자가 읽고 싶어 하는 책만 둬라", "열람 내역이 없는 책은 폐기해라", "어떻게든 도서관 방문자 수를 늘려라" 같은 요구를 받는 것 같습니다. 정말 틀렸습니다.

저는 인적이 없는 도서관 서가 사이를 뚜벅뚜벅 신발 소리를 내면서 오랫동안 걸었던 추억이 있습니다. 좌우로 쭉 이어지는 서가에 무수한 책이 꽂혀 있었지요. 그런데 저는 책 제목도 저자도 몰랐습니다. 이 세상에 존재하는지조차 몰랐던 전문 분야의 책이 끝없이 서가에 꽂혀 있었지요. 제가 죽을 때까지 읽을 수 있는 책은 고작해야 수천 권일 겁니다. 지금 눈앞에 펼쳐져 있는 책의 1퍼센트에도 미치지 못하는 양입니다. 여기에 축적된 '인류의 앎' 가운데 대부분을 모르는 채 죽겠지요.

중학생 무렵부터 저는 틈날 때마다 도서관에서 오랜 시간 헤매었습니다. '읽고 싶은 책이 이만큼 있다'는 기쁨 이상으로 거기서 가장 뼈저리게 느낀 것은 '끝내 읽지 못할 책이 이만큼 있다'는 제 협소한 식견에 관한 통절한 자각이었습니다.

무지를 가시화하는 장치

도서관은 그곳을 찾은 사람들의 '무지'를 가시화하는 장치입니다. 다시 말해 도서관은 내가 얼마나 세상을 모르는지를 가르쳐 주는 장소이지요. 거기서는 숙연하게 자세를 바르게 하고 '1초를 아까워하며 배워야 한다'는 결의를 다지게 됩니다. 도서관의 교육적 의의는 그것이 전부일 겁니다.

만약 도서관 서가가 '자신이 이미 읽은 책과 앞으로 읽어야 할 책'으로 채워져 있다면 사람은 어떤 느낌을 받을까요. 자신이 세상 대부분의 일을 대충은 안다고 굳게 믿는 인간만으로 구성된 사회가 얼마나 답답하고 정체되고 바람이 안 통하는 곳일지, 상상력이 조금이라도 있다면 짐작할 겁니다. 도서관에 "모두가 읽고 싶어 하는 베스트셀러만 비치하고 읽히지 않는 책은 버려라. 그렇게 하면 도서관 방문자 수가 늘어날 것이다"라고 말하는 이는 지성과 인연이 없는 인간입니다.

그런데 근래 그런 사람들이 행정 요직을 차지하고 교육 및 문화 예산을 집행합니다. 그러니 지성의 생산성이 급경사를 내려가듯이 저하하는 것도 당연합니다. 정치가가 "시민에게 이런 책을 읽혀라" 하고 정치적 압력을 가하는 일에는 사서들이 충분한 저항력을 갖췄지만, 시장 논리에는 저항하지 못하고 있는 것처럼 보입니다.

도서관은 배움에 대한 욕망에 불을 붙이는 귀중한 지적 장치입니다. 이 '성역'에는 시장 원리와 정치 이데올로기를 일절 개입시켜서는 안 됩니다. 책을 사랑하는 온화한 사서들이 "전력으로 저항하라"는 제 선동에 놀란 듯했지만, 싸울 때는 싸워야 합니다.

도서관은 현실과 '이 세상에 속하지 않은 것', 사이에 존재한다

저는 개풍관이라는 도장을 운영하고 있습니다. 도장에서는 매년 여름에 '바다의 집'이라는 행사를 여는데, 여관 한 동을 통째로 빌립니다. 열 명 이상 묵으면 한 동을 통째로 빌려주더라고요. 거기서 다들 수영하거나 밥과 술을 먹으면서 이야기를 나누지요.

　개풍관은 합기도를 수련하는 도장인데요. 이 도장을 열 때는 '쇼와 시대의 회사' 같은 공동체를 만들겠다는 포부가 있었습니다. 제가 어렸을 때, 즉 쇼와 20년대(1945~1954)와 30년대(1955~1964) 정도에 회사는 종신 고용이 보장된 데다 연공서열 시스템이라 유사 가족이었고 온화한 분위기였습니다. 직종은 여럿이지만 한 가족 같은 느낌으로 함께 등산을 하거나 바다에 가거나 마작을 했습니다. 우리 집에도 회사 사람들이 자주 놀러 와서 함께 밥을 해 먹었죠. 그때 "아, 이런 게 참 좋구나" 하고 어린 마음에 깊이 새겼지요.

그런데 일본 기업은 그 후 종신 고용과 연공서열을 없애고 성과주의와 능력주의를 추구했습니다. 이제는 한번 취직하고 나면 정년까지 한 곳에 근무하지 않고, 회사는 유사 가족 형태를 띠는 사회적 기능을 잃어버리고 말았습니다. 지연·혈연 공동체가 붕괴되고 유사 가족이었던 회사도 없어지자, 기댈 곳 없는 도시민들은 원자화되어 모래처럼 흩어졌습니다. 이런 상황 속에서 다시 한번 옛날 같은 부드러운 감촉의 느슨한 커뮤니티를 만들고 싶었습니다.

지연·혈연 공동체는 날 때부터 거기에 속해 나오기 어렵지요. 그런 게 아니라 들어가고 싶을 때 들어가서 있고 싶은 만큼 거기에 있고, 떠나고 싶을 때는 떠나도 상관없는 느슨한 중간 공동체가 필요하다고 생각했습니다. 출입은 자유롭지만 있는 동안에는 제대로 멤버십을 지키고 상호 지원·부조를 하는 공동체요.

40~50대가 되면 가족도 점점 나이가 듭니다. 부모가 죽으면 독신인 사람은 배우자도 아이도 없고 친척과도 별로 만나지 않습니다. 어떤 의미에서는 천애고아와 같은 사람이 지금은 꽤 많습니다. 그 사람들에게 유사 가족 형태의 느슨한 공동체가 있다면 좋지 않겠습니까.

　자, 그러면 유사 가족 형태를 띤 공동체는 어떻게 만들어 갈 수 있을까요. 그냥 모이면 즐겁다는 감정만으로는 지속하기 어렵습니다. 제가 운영하는 합기도 도장은 교육 공동체입니다. '지속하는 것'이 의무지요. 모여서 즐겁게 수련할 뿐만 아니라 제가 스승 다다 히로시 선생님에게서 배운 무도의 기술과 사상 체계를 후세대에 전수합니다. 제자는 스승에게 이어받은 도통道統을 다음 세대에 전할 의무가 있으므로, 도장 공동체는 이어가는 일이 가장 중요합니다.

　레비스트로스는 친족을 '존속하기 위해 존재하는 집단'이라고 정의했습니다. 그 정의에 따르면 도장 공동체든 종교 공동체든 교육 공동체든 다음 세대에 지식과 기술을 계승한다는 측면에서 일종의 친족이라고 봐도 좋지 않을까 합니다.

　처음에는 함께 수련하고 휴일에는 함께 놀러 가면

좋겠다 싶었습니다. 그래서 바다에 가거나 스키를 타러 가거나 하이킹을 가거나 성지순례를 가거나 말을 타는 등 여러 활동을 했습니다. 마침 개풍관에는 동아리도 여럿 있습니다. 스키부, 하이킹부, 성지순례부, 수학여행부, 폭포 수행부, 승마부 등이 있지요. 저는 가능하면 전부 참가하려고 합니다.

공양의 본질

도장에서는 합기도와는 별도로 '서당 세미나'라는 것도 합니다. 제가 대학에서 퇴직한 후에도 계속 수업을 진행했으면 좋겠다는 요청에 따라 열었는데, 말하자면 대학원의 연장입니다. 70평 정도 되는 도장에 좌식 책상을 두고 30명 정도 인원으로 세미나를 하지요. 거기서 몇 년 전에 어떤 여성이 '무덤'에 관해 발표했습니다. 그 50대 여성은 "나는 부모님 묘를 지키고 있다. 부모님 공양도 한다. 나도 거기에 들어갈 수 있지만 내 공양은 누가 해 줄지를 생각하면 앞날이 불안하다"라는 이야기를 하더라고요.

그 이야기를 들었을 때 무척 놀랐습니다. 그런 말은 처음 들어 봤으니까요. 공양이라고 하면 보통 선대의 묘를 지키는 일을 생각하지만, 그 사람에게는 자신의 문제였던 겁니다.

이 문제에 관한 남자와 여자의 생각은 꽤 다른 것 같습니다. 남자는 그런 이야기를 별로 하지 않습니다. 우리 아버지는 죽기 전에 "중을 부르지 마라. 독경도 하지 마라. 유골은 산과 바다에 뿌려라"라고 말했습니다. 그런 말을 하는 남자가 꽤 많을 것입니다. 그래서 어머니와 형과 "어떻게 할까?" 하며 잠시 고민하다가 "무시, 무시!"(웃음) 했죠. 결국 스님을 부르고 독경도 부탁했습니다. 유골은 유언대로 해 주었지만요.

남자는 대체로 그런 느낌입니다. 죽은 후에 관한 걱정 같은 건 별로 안 하죠. 그런데 여자가 상상하는 '죽은 후의 자신'은 꽤 현실적입니다. "남편과 같은 묘에 들어가고 싶지 않다", "시모와 같은 묘에 들어가고 싶지 않다" 등 무서운 이야기를 하는 여성들이 그때 몇 명이나 있더라고요. '이 사람들은 죽은 후에도 살아 있는 마음이구나' 싶어 좀 놀랐습니다. 죽은 후에도 반 정도는 살아 있어서 개성과 인격이 일정 기간 지속된다고 여기는 듯

했습니다. 그래서 죽은 후 자신에게 어느 정도 지속적으로 관심을 가져 주거나 소통을 시도하길 바라는구나 싶었어요.

그 이야기를 듣고 "아, 이게 공양일지도 모르겠구나" 하고 생각했습니다. 50년이나 100년쯤 공양하자는 이야기가 아닙니다. 죽자마자 곧장 잊히면 곤란하다는 거죠. 죽은 후여도 잠시 동안 모두의 기억에 남아서 일이 있을 때마다 화제에 오르고, "그 사람은 이런 사람이었다" 하고 추억에 잠기듯이 이야기했으면 좋겠다는 겁니다.

구로사와 아키라의 『살다』라는 영화가 그랬죠. 영화 중반에 주인공이 죽어서 나머지 반은 장례식 장면입니다. 발인 전날 문상객들이 한 명씩 주인공에 관해 이야기합니다. "와타나베 과장은 실은 이러이러한 사람이었습니다" 하는 증언의 단편이 모여서 평범한 말단 관리로 보였던 와타나베 과장이 실은 꽤 깊은 맛이 있는 인물이었음이 점점 드러납니다. 이것이 공양의 본질이라는 느낌이 들었습니다. 그렇다고 칭찬만 하자는 이야기는 아닙니다. "나는 그 사람의 이런 면을 알고 있습니다"라고 다양한 에피소드를 이야기하면서 해당 인물의 '입체성'

을 구축하자는 것입니다.

생물학적으로는 죽어도 일정 기간 자신에 관해 계속 이야기하기를 바라는 망자의 마음에 응하는 것이 바로 공양이 아닌가 싶습니다. 그런데 길게 할 필요는 없고, 13년 정도면 괜찮은 것 같습니다. 사후 세계에 가서 설문조사를 한 것은 아니지만요.(웃음) 열세 번 정도 하면 충분하지 않을까요.

저희 할머니의 열세 번째 제사 때 백부가 "다들 나이도 먹었고 멀리서 모이는 것도 예삿일이 아니니 모두 모여 제사를 지내는 것은 이번을 마지막으로 하자. 내년부터는 우리가 할 테니까"라고 선언하셨습니다. 그걸 보고 어린 마음에 "아, 그렇구나. 공양은 열세 번 정도면 충분하구나!"라고 생각했고요. 저도 이제 일흔둘이니, 앞으로 10년 정도는 더 살 작정인데요. 죽은 후에 어느 정도 공양을 해 주면 좋겠느냐고 물어 온다면 13년 정도면 충분하다고 답할 겁니다. 그 정도 되면 동년배 친구들도 모두 세상을 떠났을 테고 저를 아는 집안사람도 꽤 나이를 먹었을 테죠. 그러니 그 정도로 '페이드아웃' 하면 되지 않을까 싶습니다.

애당초 이 나이가 되면 점점 죽어 가는 상태가 됩

니다. 눈이 보이지 않는다든지 치아가 빠진다든지 하면
서요. 요전에 무릎에 인공관절을 넣었으니까 제 무릎은
사이보그입니다. 몸 여기저기가 이미 부분적으로는 죽
어 있죠. 모두가 죽기 전부터 조금씩 죽어 갑니다. 그리
고 공양해 주는 이가 있는 동안은 '이미 죽었지만 완전
히 죽지는 않은' 상태가 이어지지요. 인간은 그런 존재
입니다. 점점 죽어 가지만 완전히 죽지는 않은 상태가 어
느 정도 계속되다 천천히 자취를 감추어 가는 거죠. 전
13년, 후 13년. 합해서 26년 정도에 걸쳐 죽어 가는 듯하
다고 발표를 들으면서 생각했습니다.

그때 "자, 그러면 묘를 만들자" 하곤 개풍관에서 묘
를 만들었습니다. 개풍관 문인 중 자식 없는 사람, 자신
의 뒤를 공양해 줄 이 없는 사람은 우리 묘에 들어오라고
요. 도장은 앞으로도 계속될 테니 매년 공양해 줄 사람이
없는 일은 없을 테니까요. 저는 바로 친구인 샤쿠 데쓰
선생에게 가서 "실은 이런 생각을 하고 있습니다" 하고
말씀을 드리니, 마침 선생도 똑같은 생각을 하고 계셨더
군요.

샤쿠 선생은 이케다 시에 있는 여래사如来寺라는 절
의 주지스님인데요. 이 절의 단카檀家* 분들 중에는 홀로

---

* 일정 절에 속해 시주를 하며 절의 운영을 돕는 이.

살아서 대를 이을 사람이 없거나 선조부터 내려오는 묘를 지킬 자금이 넉넉하지 않은 이들이 있다고 합니다. 그런 분들을 도우려 '합동묘'를 떠올리셨던 거죠.

그래서 개풍관은 '도연묘'道緣廟, 여래사는 '법연묘' 法緣廟라는 합동묘를 만들었습니다. 여래사와 가까운 산 위의 무척 전망 좋은 곳에 두 묘를 나란히 두었죠. 거기서 1년에 한 번 '성묘'를 합니다. 날이 좋을 때 모두 모여서 샤쿠 선생님이 독경과 법화를 해 주시고 우리는 향을 피웁니다. 법요法要가 끝난 뒤에는 묘 앞에 자리를 깔고 작은 테이블을 놓고 준비해 간 음식을 즐깁니다.

이 세상에 속하지 않은 것에 관해서

오늘도 아침 8시 반부터 점심때까지 합기도 수련을 했습니다. 그리고 여기서 도서관 사람들과 이야기를 나누고, 저녁 7시부터는 온라인으로 샤쿠 선생과 '추석 맞이'를 주제로 이야기를 나눌 예정입니다. 아침부터 저녁까지 진짜 바쁜 일정인데요. 문득 이 세 가지 이야기는 하나의 카테고리에 들어갈 수 있겠다는 생각이 들더군요.

오전에 수련한 무도와 지금 하는 이 도서관 이야기, 그리고 밤에 나눌 종교와 묘 이야기는 전부 '죽음 이야기'인 거죠. "아하, 나는 이 분야의 전문가였구나" 하고 스스로 이해했습니다. 무슨 전문가인가 하면 이 세상에 속하지 않은 것을 응대하는 일, 즉 그것과의 틈새에서 사람이 어떻게 행동해야 하는가에 관한 기술과 지식을 가진 전문가인 겁니다.

도서관에 있는 사람들은 자신들이 '이 세상에 속하지 않은 것'과의 틈새에 있다고 생각하지 않을 수도 있겠지만 사실 그렇습니다. 여기 오기 전에 대기실에서 이런 이야기를 했어요. 행정 당국이 도서관에 너무도 심한 짓을 한다고, 도서관을 망가뜨리고 있다고 말입니다. "도서관 같은 건 필요 없어. 사서도 필요 없고"라는 생각이 극단으로 치달아 가면 "책 같은 것도 필요 없어" 같은 반지성주의로 달리게 될 텐데도요.

왜 그 사람들이 도서관을 그렇게 증오하게 되었을까 생각해 보았는데 이유가 있었습니다. 지금 신자유주의를 신봉하는 정치가들과 기업인들이 가장 증오하는 것은 '이 세상에 속하지 않은 것'입니다. 그 사람들은 현실적인 이익 말고는 흥미가 없어요. 그것만이 의미가 있다고 믿으니, '이 세상에 속하지 않은 것'은 있어서는 안되죠.

도장道場이라는 말은 원래 종교 용어입니다. 수행을 하는 곳이죠. 무도 수업의 목적은 근골을 강하게 하거나 움직임을 기민하게 하는 것이 아니라 자신의 몸을 '양도체'良導体로 만드는 것입니다. 양도체란 경직되고 막히고 느슨한 곳 없이 갖추어진 몸을 뜻합니다. 그 신체를 통해서 거대한 자연의 힘 에너지가 발동합니다. 신체는 '힘의 심연'이 아니라 지나가는 길목입니다. 아집을 지우고 투명한 심신을 만드는 일, 그것이 바로 무도 수업입니다. 그 점에서는 종교와 별반 다르지 않습니다.

종교에서는 자신이 얼마큼 종교적으로 성숙했는지를 스스로 평가하기가 꽤 어려울 듯한데, 무도는 그것을 외형적으로 알 수 있습니다. 작고 가냘픈 여자아이가 큰 남자를 냅다 던진 뒤 "앗, 내가 이걸 할 수 있구나!" 하고 스스로 놀랍니다. 자신의 신체가 '자연의 거대한 힘이 지나는 길목'으로서 얼마큼 갖추어졌는지를 실감하는 것이죠. 근육이 두꺼워졌다든지 기술이 세련되었다든지 움직임이 기민해진 것과는 결이 다릅니다. 양도체로 만들어서 야생 자연의 거대한 힘이 발동하게 되는 것입니다.

아무 종파에도 속해 있지 않지만 저는 종교적인 사람으로, 꽤 오래전부터 '초월적인 것'이나 '이 세상에 속하지 않은 것'과의 커뮤니케이션이 인간에게 가장 중요한 게 아닌가 생각했습니다.

이 '커뮤니케이션'에는 전통적인 방법이 있습니다. '이 세상에 속하지 않은 것'이 경계선을 넘어 인간 세계에 들어왔을 때 그것을 응대하는 선인으로부터 전해져 온 지혜가 있지요. 일단 충분한 거리를 두고 "미안하지만 너무 심한 일은 하지 말아 주세요!" 하며 슬쩍 돌려보내고 돌아가 주어 감사하다는 마음을 표하는 것. 혹은 '바깥'에서 들어오는 것이 자신들 세계에 좋은 것을 가져다주기를 기원하는 것입니다.

이렇게 말하면 "무슨 소리를 하는 거야?" 하고 어이없어하는 사람도 있을 테지만, 제 생각은 그렇습니다.

무라카미 하루키의 문학적 기능과 계보

무라카미 하루키라는 작가가 있지요. 그는 "나는 특수한 능력을 갖춘 사람이다"라고 말합니다. 어떤 특수한 능력 인가 하면, 보통 사람은 지하 1층까지밖에 갈 수 없지만 자신은 지하 2층까지 내려갈 수 있다는 것입니다. 지하 2층에는 태고부터 지금까지 세계 곳곳에서 흐르는 수맥 같은 것이 있는데, 자신이 가진 그릇으로 어느 정도 물을 길어서 돌아온다고 합니다. 거기에 너무 오래 있으면 인간에게는 위험하므로 볼일이 끝나면 재빨리 현실 세계로 돌아와 지하 2층에서 경험한 것을 이야기로 풀어내는 것이 자신의 일이라고 무라카미는 말합니다. 그 일은 누구나 할 수 있는 게 아니고, 특수한 재능을 가진 소수만 가능하며 자신은 어떻게 하다 보니 그런 일을 할 수 있게 되었다고 다양한 문학론에서 솔직하게 말하더군요.

이것은 어떤 비유가 아니라 정말로 그렇다고 생각 합니다. 경계선의 저편까지 갔다가 돌아오는 일. 무라카미 하루키가 쓰는 '이야기'는 전부 그런 이야기 일색입니다. 누군가가 경계선 저편에 가서 사라져 버리고 돌아오지 않는 이야기. 경계선 저편에서 무언가 위험한 것이 찾아와 그것을 돌려보내는 이야기. 이 두 가지가 반복되죠. 두 패턴 모두 경계선의 이쪽과 저쪽을 왔다 갔다 하는 이야기입니다.

그래서 무라카미 하루키 소설에는 대부분 '유령'이 나옵니다. '이 세상에 속하지 않은 것'이 등장하자 주인공은 그것을 어떻게 응대해야 할까 이리저리 궁리를 하지요. 『양을 둘러싼 모험』부터 쭉 그렇습니다. 정신분석학자 가와이 하야오와의 대담집인 『하루키, 하야오를 만나러 가다』에서 여실히 느낄 수 있습니다.

이 대담에서 무라카미가 『겐지모노가타리』에 관해 가와이에게 "『겐지모노가타리』에 나오는 악령이나 생령 등 초현실적인 것은 당시 사람들에게는 현실이었겠지요?"라고 질문하자 가와이가 "그것은 전부 현실입니다"라고 즉답합니다.

『겐지모노가타리』에는 생령生靈이 나옵니다. 생령과 악령 때문에 사람이 죽는 일은 헤이안시대에는 현실이었다고 그는 딱 잘라 말했습니다. 이 단언이 무라카미 하루키에게 큰 자신감을 주었던 듯합니다. "아, 그렇구나. 내가 쓰는 유령 이야기는 전부 현실이었구나" 하고 말이죠.

무라카미 하루키와 우에다 아키나리

무라카미 하루키는 자신의 문학 계보를 거슬러 올라가면 에도 시대의 전통 소설 '요미혼'의 작가 우에다 아키나리에 이른다고 말합니다. 메이지시대부터 근대문학을 전부 다 생략하고 갑자기 우에다 아키나리라니요. 우에다 아키나리가 쓴 이야기는 모두 '이 세상에 속하지 않은 것'이 사람을 죽이거나 사람이 그것에게서 도망치거나 그것과 교섭하는 이야기입니다. 무라카미 하루키 스스로 우에다 아키나리의 문학적 직계임을 자처한다는 것인데, 본인이 그렇게 말하니 그렇겠지요.

우에다 아키나리도 당시는 고립된 상태였습니다. 합리주의자였던 유학자들이 우에다 아키나리가 쓴 유령 이야기를 비웃었죠. '어리석은 망상'이라고요. 그런데 우에다 아키나리는 '이 세상에 속하지 않은 것'에는 현실을 바꿀 힘이 있어서 현실 인간이 그로 인해 죽고 산다고 확신했습니다.

우에다 아키나리의 문학적 가치를 21세기 들어 무라카미 하루키가 재평가한 셈인데요. 이미 1960년대에 우에다 아키나리를 높게 평가하며 일본 문학의 심연은 여기에 있다고 말한 사람이 있습니다. 문학평론가 에토 준입니다. 에토 준은 프린스턴대학교에 유학해 공부했고, 교수가 되어 일본 문학 강의를 했습니다. 영어로 수업하고 논문도 썼죠. 영국 체류를 마칠 무렵에는 영어로 꿈을 꿀 정도로 영어 세계에 몸과 마음을 듬뿍 담그고 있었지만 결국 영어로는 진짜 자신이 쓰고 싶은 것은 쓸 수 없음을 깨닫고 일본에 돌아옵니다. 문학적 혁신은 일본어를 통해서만 가능하다고 생각했던 것이죠.

에토는 일본어의 심연을 일컬어 "침묵의 언어"라고 불렀습니다. 고대부터 현대까지 일본 열도에서 발화되고 쓰인 모든 언어가 집적된, 깊이를 헤아릴 수 없는 심연이 있기 때문입니다. 그리고 일본어를 모어로 하는 사람이 그 저장소(아카이브)에 접근 가능합니다.

에토 준은 영어 사용자들과 소통은 할 수 있지만, 자신 안에 영어의 '침묵의 언어'가 없다는 사실을 깨닫습니다. 그래서 영어로는 창작이 불가능하다고 자각한 것이죠. 이 저장소에 접근할 수 있는 것은 모어 화자들뿐입니다. 에토 준은 일본에 돌아와 갑자기 우에다 아키나리 이야기를 하기 시작합니다. 다른 문학가들은 다 제쳐 두고 우에다 아키나리가 좋다고 말입니다. 만약 일본에서 세계문학이 나온다면 그것은 우에다 아키나리의 작품에 뿌리를 둔 것일 수밖에 없다고 예언합니다. 그 예언 이후 60년이 지나 무라카미 하루키가 등장하죠. 재미있는 이야기입니다.

『 양을 둘러싼 모험 』과 네 편의 계보 작품

미안합니다. 무라카미 하루키 이야기를 조금 더 하겠습니다. 이야기가 재미있어졌으니까요.

　　무라카미 하루키 작품 중에서 처음으로 '이 세상에 속하지 않은 것'과의 관계를 다룬 작품은 『양을 둘러싼 모험』입니다. 이 작품을 완성함으로써 무라카미 하루키는 전업 작가로 살 수 있겠다는 자신감이 생겼다고 하지요. 그때까지는 재즈 카페를 운영하는 겸업 작가였다가, 전업으로 아침부터 밤까지 마음껏 소설을 쓰는 데 집중할 수 있는 환경이 되었던 것이죠. 그리고 어느 날 자신이 광맥에 가까워졌다는 것을 실감했습니다. 매일 꾸준히 끌로 바위를 깨다 보니 점점 지하 수맥, 지하 광맥에 가까워졌다는 것을 실감했다고 인터뷰에서 이야기한

바 있습니다.

『양을 둘러싼 모험』은 결과적으로는 세계문학이 되었는데요. 이것이 세계문학 계보의 직계라는 '광맥'과 연결되는 작품이었기 때문입니다. 무라카미 씨 본인은 자각하지 않을지도 모르겠지만 『양을 둘러싼 모험』과 같은 계보의 세계문학이 몇 편 있습니다.

바로 직전 것은 레이먼드 챈들러의 『기나긴 이별』입니다. 챈들러의 선행 작품은 F. 피츠제럴드가 쓴 『위대한 개츠비』입니다. 이 세 작품은 거의 똑같은 이야기입니다. 『양을 둘러싼 모험』에는 '나'라는 주인공이 있고 '쥐'라는 절친이 있는데요. 이것은 '나'의 '또 다른 자아'입니다. 쉽게 상처받고 도덕심이 조금 결여된 면이 있긴 하지만 순수하고 아주 매력적인 남자입니다. 그것은 '나'의 소년 시절 모습입니다. 어린 자신과 결별하지 않으면 '나'는 어른이 될 수 없습니다. 또 다른 자아는 이 풍진세상을 살아가기 위해서 버린 자신의 가장 부드럽고도 가장 다정한 부분입니다.

그 자신의 소년기를 인격적으로 표상한 것이 '쥐'이고 그들은 모두 어른이 되기 위해 주인공이 버렸던 '소년기'의 대리 표상입니다. 또 다른 자아는 주인공에게 "마지막으로 한 가지 너에게 부탁할 것이 있다"고 말하고 주인공이 부탁을 들어주자 사라집니다. 이 세 작품은 모두 그런 이야기입니다.

『양을 둘러싼 모험』이 1982년, 『기나긴 이별』이 1953년, 『위대한 개츠비』는 1925년 작품입니다. 그런데 여기에도 선행 작품이 있습니다. 알랭 푸르니에가 쓴 『대장 몬느』라는 소설입니다. 주인공은 프랑수아라는 15세 소년으로, 그 소년 앞에 키가 크고 매혹적이고 자유분방한 몬느라는 소년이 나타납니다. 프랑수아는 몬느에게 매료되어 모험의 나날을 함께 하지만, 어느날 몬느는 사라지고 영원히 모습을 감춥니다.

영원히 모습을 감추는 것이 당연합니다. 그는 자기 자신의 소년기 모습이니까요. 소년 시절이 끝나고 '시시한 어른'들 세계에 합류하며 그 황금의 나날을 아쉬워하는 마음이 "어느 날 영원히 내 앞에서 사라져 버린 매혹적이고 도덕심이 결여된 유아적 소년"을 조형한 겁니다.

즉 20세기에 들어와 똑같은 이야기가 네 편 발표된 거죠. 『대장 몬느』이전으로 거슬러 올라가도 있을 것입니다. 있는 게 당연하죠. 소년은 언젠가 어른 세계에 들어서야 하니까요. 통과 의례를 지나 자신의 빛나는 소년 시절과 영원히 결별해야 합니다. 그 상실의 슬픔과 아픔을 치유하기 위해 소년 시절을 인격적으로 표상하는 매혹적인 또 다른 자아와의 이별 이야기가 필요한 겁니다.

소년 시절과의 이별은 트라우마적인 경험이므로 어른이 되어도 외상이 남습니다. 그러니 그것을 치유하려면 이야기가 필요하겠죠. 아마도 '그런 이야기'가 세계 곳곳에 수천 개 정도 있으리라 생각합니다. 인류가 통과 의례라는 제도를 만들어 내고 나서 쭉 그런 이야기에 대한 수요가 있었을 겁니다. 그래서 그것은 광맥입니다. 태고부터 이어지는 모든 남자의 "이런 이야기를 써서 나를 치유해 줘"라는 부탁에 응하는 것이니, 거기에 당도하면 세계문학이 되는 거죠.

또 다른 자아와 이별하는 이야기는 '소년 시절의 자신을 공양하는', 꽤 종교적인 기능을 담당하고 있다고 봅니다. 통과 의례를 거쳐 '시시한 어른'이 되어 버린 세계 곳곳의 남자들이 잃어버린 소년기를 공양하는 이야기를 바랐죠. 그래서 이러한 유형의 이야기를 쓰는 것은 남성 작가인 거죠. 여성 작가가 쓴 '또 다른 자아와의 이별 이야기'를 저는 읽은 기억이 없습니다. 혹여 있을지도 모르겠습니다. 아는 분이 계시면 가르쳐 주세요.

모어는 거대한 아카이브로 들어가는 입구

모어로 쓰인 책은 고대에서부터 이어져 온 거대한 언어 저장소의 입구입니다. 일본어 저장소는 과거 일본 열도에 사람이 살기 시작해 처음으로 언어를 발한 순간부터 이 열도 내에서 발화된 모든 음성과 쓰인 문자를 집적하고 있습니다. 그 저장소의 가장 웃물에 현대 일본어가 있습니다. 현대 일본어는 그 '침묵의 언어'에서 떠오른 거품 같은 것입니다. 그래서 현대 일본어를 모어로 하는 사람은 언어 감각을 조금만 날카롭게 만들어 집중하면 일본 고전도 읽을 수 있을 겁니다. 전쟁 전의 문학이나 나쓰메 소세키와 오가이의 작품도 금방 읽을 수 있고, 그러다 보면 우에다 아키나리도 읽을 수 있을 테죠. 똑같은 일본어로 쓰여 있으니 못 읽을 수가 없을 겁니다.

『쓰레즈레구사』의 현대어 번역

저는 몇 년 전에『쓰레즈레구사』徒然草를 현대어로 번역한 적이 있습니다. 작가이자 평론가인 이케자와 나쓰키 씨가 '개인 편집 일본문학 전집'을 펴낼 계획이니『쓰레즈레구사』를 번역해 달라고 부탁했습니다. 이케자와 씨에게 받은 부탁인지라 싫다고는 못 하고 수락했지만 고문을 오랫동안 읽지 않은 터였습니다. 더구나『쓰레즈레구사』는 재수 시절에 단편을 읽은 게 다였죠.

그런데 현대어로 번역을 시작하니 꽤 술술 번역이 됐습니다. 놀랍게도요. 지금으로부터 700년 이상 전에 쓰인 것인데도 고어 사전 한 권으로도 번역이 되는 겁니다.

타임머신으로 중세시대 승려 요시다 겐코를 현대 일본에 데리고 와도 3주 정도만 시간을 주면 현대 일본어를 술술 말할 수 있지 않을까 싶었습니다. 결국 같은 일본어니까요. 문법 구조도 똑같고 음운도 똑같으니 모르는 단어를 들어도 "아하, 그 단어가 이렇게 변했구나" 하고 곧 알 수 있을 것 같습니다.

저 역시 타임머신으로 가마쿠라 시대로 돌아가더

라도 한 달 정도면 원어민과 똑같이 말할 수 있게 되리라 생각합니다. 아침부터 밤까지 『쓰레즈레구사』를 읽는 것도 상상 속에서 가마쿠라 시대로 간 것과 별반 다르지 않습니다. 모르는 단어라도 왠지 의미를 알 것 같거든요.

번역을 마친 뒤에 한 '『쓰레즈레구사』의 현대어 번역을 마치고'라는 강연에서 이 이야기를 했습니다. 그랬더니 질의응답 시간에 고등학교 국어 선생님이 질문을 하셨습니다. "저는 사실 『쓰레즈레구사』 연구로 박사 논문을 썼습니다." 그 말을 듣는 순간 "와, 이거 큰일인데" 싶었는데, 그 선생님이 "우치다 선생님의 현대어 번역이 매우 좋았습니다"라고 말해 줘서 정말 다행이었습니다.(웃음)

접속사 번역이 특히 좋았다며 접속사를 번역하는 방법이 다섯 종류나 있다고 해 깜짝 놀랐습니다. 저는 접속사에 여러 뉘앙스가 있는 줄 몰랐습니다. 그런데 그 선생님에 의하면 저의 접속사 번역은 실로 정확했다고 합니다.

접속사를 번역할 수 있었던 이유는 저에게 문법 지식이 있기 때문이 아니라 일본어로 읽었기 때문입니다. 그때 "아, 모국어란 이런 거구나. 모국어 화자라면 어느

시대의 글이든 조금만 익숙해지면 읽을 수 있구나" 하고
절감했습니다. 같은 침묵의 언어에서 유래했으니까요.

새말은 모국어가 아니면 만들 수 없다

모국어가 아니면 할 수 없는 것이 있는데, 그것이 바로
네올로기즘neologism입니다. 새말新語을 만드는 일은 모
국어로만 할 수 있다는 의미입니다. 이것을 깨달은 지는
벌써 10년도 넘었습니다. 노자와 온천에 스키를 타러 가
서 노천탕에 몸을 담그고 있었는데, 대학생으로 보이는
남자 두 명이 풍덩 하고 노천탕에 들어온 순간 "우와, 야
바이"라고 말하는 겁니다.

'야바이'는 범죄자의 은어로 위험하다는 뜻입니다.
범죄자의 은어가 시민사회에 들어와 쓰이게 된 것이죠.
은어가 일반적으로 통용되는 일은 흔히 일어나지만, '야
바이'의 경우는 더 나아가 '매우 기분이 좋다'라는 의미
로 바뀌어 버린 겁니다. '이런 식으로도 의미가 바뀌는구
나' 하고 그때 생각했는데요. 그와 동시에 '의미가 바뀐
것을 내가 어떻게 알까?' 싶어 희한하게 느껴졌습니다.

왜냐하면 듣는 순간 알 수 있었거든요. 신조어의 굉장한 점은 '처음 들은 말임에도 듣는 순간 그 의미를 알 수 있다'는 겁니다. 듣고 그게 무슨 뜻이냐고 되묻지 않아도 되죠.

'마캬쿠'真逆*도 그렇죠. 이것도 잊을 수가 없습니다. 시부야 요이치 씨가 간행하는 『사이트』라는 잡지의 정기 대담에서 다카하시 겐이치로 선생과 이야기할 때입니다. 다카하시 선생이 '마캬쿠'라고 했을 때, 그 말을 태어나 처음 들었는데도 글자가 바로 머리에 떠올랐고 그것이 '정반대'보다 조금 더 강한 뉘앙스를 갖는다는 사실까지 다 알아차렸습니다.

처음 듣는 말인데 의미나 뉘앙스까지 알 수 있다는 건 기적적인 일이 아닌가요. 그 일을 우리는 일상에서 아무렇지 않게 해내는 겁니다. 누군가가 처음으로 말을 꺼내고 나서 아마 몇 달 안 돼 홋카이도에서 오키나와까지 일본 전역에서 사람들이 '마캬쿠'를 사용했을 겁니다.

신조어도 모국어 아카이브 속에서 우러나온 거품 같은 겁니다. 그 안에서 양성된 것이 어느 날 누군가의 입에서 툭 나왔다, 딱히 '새로운 말을 만들어 보자'는 작위 없이 문득 입을 뚫고 나왔고 그 순간 모국어 저장소에

---

* '완전히 반대', '완전히 거꾸로'라는 의미.

등록되었다, 뭐 그런 흐름인 거죠.

아무리 유창하게 영어를 구사하는 사람이라도 영어가 모국어가 아니면 새로운 영어 단어를 만들 수 없습니다. 'go-went-gone'이라고 하는 불규칙 동사 변화를 기억하는 것이 귀찮으니 앞으로는 'go-goed-goed'해도 좋지 않냐고 이야기해 봤자, 영어 화자는 상대도 안 할 겁니다. "그런 영어 없어"로 끝이죠. 새말은 외국어로는 만들 수 없습니다. 자기 자신을 만들어 낸 언어적 자원의 깊은 곳에서 자연스럽게 솟아나지 않으니까요.

모국어 저장소가 가진 생성력을 그때 절실히 알았습니다. 에토 준이 "침묵의 언어"라고 부른 것이 바로 이 이유였구나 하고요.

책은 다른 세계로 넘어가는 통로

책이란 모어의 저장소로 들어가는 '입구'입니다. 쓰는 일도 읽는 일도, 풍부하고 깊이를 알 수 없는 이 모어의 저장소에 들어가기 위한 길입니다. 일상적인 현실과는 떨어진 '경계선 저편' 혹은 '지하' 혹은 '이 세상에 속하지 않은 것'과 맞닿는 길이지요.

현대사회에서 지배적인 가치관과 미의식과 이데올로기가 통용되지 않더라도 이해할 수 있습니다. 그 모어의 저장소가 자기 자신의 언어 감각과 어휘를 형성하고 있기 때문입니다. 자신이 사용하는 논리 형식과 사념과 감정을 표현하는 어휘도 모두 그 저장소에서 유래합니다.

잠시 있다 보면 숨쉬기가 힘들어져서 왠지 빨리 나오고 싶어지는 집이 있는데요. 저의 경우는 책이 없는 집이 그렇습니다. 아무리 집이 깨끗해도 오래 있으면 숨쉬기가 힘들어집니다. 산소 결핍 상태가 되는 거죠. 책이 없으면 그렇습니다.

왜냐하면 책이란 '창'이기 때문입니다. 다른 세계로 난 창이라고 해야 할까요. 이 세계와는 다른 세계와 통하는 창입니다. 그래서 책이 있으면 한숨 돌릴 수 있습니다. 밖에서 시원한 공기가 불어오는 느낌이 들죠.

제 친구 집에 가면 대체로 그런데, 화장실에 책이 있습니다. 우리 집에도 화장실에 책이 굉장히 많이 쌓여 있습니다. 화장실이라는 폐쇄적인 공간에 책이 몇 권쯤 놓여 있는 것만으로 어딘가 널찍한 곳으로 나가는 느낌이 듭니다. 넓은 곳에서 배설 작업을 한다는 느낌이 드는 거죠. 그러므로 화장실에 읽고 싶은 책이 없을 때는 화장실에 가기 전에 책을 찾습니다. 집 책장 앞에서 발을 동동 구르면서 "앗, 앗……" 하면서 "음…… 이것도 아니고 저것도 아니고" 하며 책을 고릅니다.

"오, 이거다!" 하고 정하면 그대로 화장실로 돌진합니다. 책이 없으면 화장실이 좁게 느껴집니다. 책을 펼치면 왠지 해방감을 느끼고요. 책이 가진 외부 세계로의 개방 효과가 아닐까 합니다.

도서관은 새로운
세계로 통하는 문이며
사서는 문지기다

도서관의 가장 큰 교육적 기능은 무지의 가시화

행정 당국에서 도서관 방문자 수를 늘리라든지 열람 횟수가 적은 책은 버리라는 압력을 가해 도서관에서 근무하는 분들이 괴로워한다는 이야기를 자주 듣습니다. 도서관 방문자 수를 늘리라는 요구는 번지수를 잘못 찾은 일이 아닌가 합니다. 개인적 의견입니다만 도서관은 기본적으로 사람이 별로 없는 편이 좋습니다. 저는 사람이 많고 북적거리는 도서관이 이상적이라고 생각하지 않습니다. 도서관은 기본적으로 사람이 없는 장소입니다.

영화 『존 윅』에도 시립도서관 같은 곳에서 존 윅과 킬러가 격투하는 장면이 있죠. 서가를 사이에 두고 격투를 합니다. 수 분 동안이나 서로 때리고 죽입니다만 그동안 아무도 그곳을 지나가지 않습니다. 책장에 몸을 부딪치고 의자가 부서지고 난리인데도 아무도 지나가지 않습니다. 그리고 도서관 책 속에 뭔가 물건을 감춥니다. 존 윅은 아무도 빌릴 것 같지 않은 책을 도려내 무기를 숨기죠. 즉 영화에서 도서관의 기본 설정은 '거기서 격투를 하고 있어도 아무도 알아차리지 못한다' '몇 년 동안이나 아무도 손대지 않는 책이 있다'는 것이죠. 저는 이 기본 설정이 옳다고 생각합니다.

사람 없는 서가 사이를 혼자서 뚜벅뚜벅 신발 소리를 내면서 걷는 것. 제가 가진 도서관에서의 인상적인 추억은 전부 그렇습니다. 사람이 아무도 없는 도서관을 어디까지라도 혼자서 걷는 겁니다. 어디까지라도 계속되는 서가에는 내가 전혀 모르는 작가의, 전혀 모르는 책이 끝을 알 수 없을 정도로 쭉 꽂혀 있습니다. 그것을 보면서 뼈저리게 느끼게 됩니다. "아, 그렇구나. 여기에 있는 책 중 내가 살면서 읽을 수 있는 것은 고작 해 봐야 수십만 분의 일밖에 되지 않는구나. 나머지 책과는 결국 인연을 맺지 못한 채 나는 일생을 마치게 되겠구나." 아무도 없는 도서관에서 압도적인 양의 책을 바라보며 느끼는 것은 '아하, 나는 앞으로 이런 책을 읽겠구나'가 아니라 '평생을 읽어도 읽을 수 없는 책이 이만큼이나 있구나'입니다.

저는 그것을 통감하게 하는 것이 도서관 최대의 교육적 기능이라고 생각합니다. 도서관의 사명은 '무지의 가시화'입니다. 자신이 얼마큼 무지한가를 깨닫는 것. 지금도 무지하고 죽을 때까지 공부해도 아마 무지한 채로 끝나리라는 사실 말이죠. 자신의 그 가공할 만한 무지 앞에서 전율하는 것이 도서관에서 경험하는 가장 중요한 일입니다. 그래서 모든 영화에서 도서관은 '무지의 앎'의 공간으로서 표상되죠.

도서관의 장서는 무한

도서관의 전제는 '장서가 무한하다'는 것입니다. "당신은 이 도서관의 극히 일부를 조금 만지작거리다 생애를 마치고, 당신이 죽은 후에도 이 거대한 도서관 안에는 당신이 끝끝내 알 수 없었던 예지와 감정과 이야기가 숨 쉰다." 보르헤스의 『바벨 도서관』 같은 것이 바로 그렇죠. 움베르트 에코의 『장미의 이름』도 마찬가지입니다. 장서가 무한한 도서관이라는 설정이라, 안내 없이 도서관에 들어갔다가는 나올 수가 없죠. 영화 『인터스텔라』의 마지막 장면도 우주 끝까지 계속되는 무한의 도서관 영상이었습니다.

도서관이 거기에 들어온 사람에게 가르치는 것은 아마도 무한이라는 개념일 겁니다. 거기에 발을 들여놓았을 때 '인생의 유한성'과 '앎의 유한성'을 자각하죠. 이이상 교육적인 일은 이 세상에 없습니다. 얼마큼 자신이 세상을 모르는가, 세상을 모르는 채로 일생을 마치는가. 앞으로 평생을 바쳐서 아무리 똑똑해지려고 노력한들 이 거대한 앎의 저장소 가운데 끄트머리 한구석밖에 닿을 수 없다는 사실을 자각하죠. 다만 끄트머리 한구석이라고 해도 '내가 이 무한한 장소의 일부만큼은 닿을 수 있고 잘하면 그 일부가 될 수도 있겠구나' '이 무한한 장소에 내가 만들어 낸 것을 보탤 수 있을지도 모른다' 하고 생각해 보는 것입니다.

'지적' 상태란 어떤 것일까요. 그것을 한마디로 하면

'조심스러움'이라고 생각합니다. 무한한 앎에 대한 '예의 바름'이라고 해도 좋습니다. 내가 얼마나 세상을 모르는지, 내 앎이 닿을 수 있는 범위가 얼마나 좁은지에 관한 '유한성의 자각'이 지적 상태입니다. 자신의 유한성을 자각할 수 있는 것은 눈앞에 이렇게 '무한한 앎을 향해 열린 도서관'이 있기 때문이고요. 저는 도서관에게서 제대로 메시지를 받았습니다. 저와 도서관 사이에 커뮤니케이션이 이루어진 거죠.

　　유럽을 무대로 한 영화를 보면 부호 저택의 응접실은 대체로 벽 전체가 책장이지요. 그런 영화를 수십 편 혹은 수백 편 봐 왔는데요. 재미있는 것은 그 집 주인이 책장에서 책을 꺼내 읽는 장면은 잘 없다는 겁니다. 영화 중에는 갑자기 부자가 된 사람이 귀족의 저택을 사들여서 거기서 생활하는 설정도 있는데요. 그 경우 책장의 책은 집기의 일부로 '끼워 산 것'일 테죠. 자신의 장서도 아니고 자신의 취미도 아니죠. 그래도 "눈에 거슬리니까 전부 걷어 치워서 헌책방에 팔아 줘" 같은 요구는 하지 않습니다. 아마도 그런 일은 해서는 안 된다는 무언의 규칙이 있기 때문이겠죠. 유럽에서는 명성을 얻어 오래된 큰 저택을 사들인 사람은 반드시 그 저택의 이전 소유주들이 모은 장서에 둘러싸여 살아야 한다는 암묵의 룰이 있었던 게 아닌가 상상해 봅니다.

서재에서 일하다가 문득 얼굴을 들어 올리니 거기에 『플루타르크 영웅전』이라든지 『로마제국 흥망사』 같은 가죽 표지의 책이 진열되어 있습니다. 당연히 그 책을 읽지는 않았죠. 그때까지 사업이라든지 정치 활동으로 바빴으니까요. 서재에 있는 책은 전부 읽지 않은 책입니다. 아마도 죽을 때까지 읽지 않을 책일 겁니다. 그런 수천 권이나 되는 책이 매일 이 서재의 주인을 향해 "너는 정말로 무지하구나, 그러니 건방 떨지 마라"라는 무언의 메시지를 보냅니다.

그런 고전을 가죽으로 튼튼하게 장정해서 제목을 금박으로 새겨 진열해 놓는 이유가 거기에 있다고 생각합니다. 성공한 인간은 자신이 읽지 않은 책을 올려다볼 때마다 책에게서 "너는 지금 성공했다며 짐짓 젠체하는 얼굴을 하고 싶겠지만 여기에 모아 놓은 지적 저장소의 극히 일부밖에 읽지 않았다. 너 자신이 세상에 대해 거의 아는 게 없는 인간이라는 것을 알아 둬라" 하고 설교 당하는 느낌이 듭니다.

책에게서 그런 설교를 듣는 일을 일과로 삼는 것. 그

것이 유럽에서는 사회적으로 성공한 이들에게 부과된 조건이 아니었을까 싶습니다.

능악 수련의 교육적 장치

일본에는 '단나게'旦那芸*라는 것이 있습니다. 지금은 완전히 쇠퇴한 문화지만 어느 정도 사회적인 명성을 얻은 이라면 수련을 하지 않으면 안 된다는 규칙이 있었습니다. '노가쿠'能楽** 수련을 하거나 전통 악기 '샤미센'을 수련하거나 말이죠. 저는 간제류観世流의 능악과 무용을 30년간 수련해 왔습니다.

이런 전통 예능을 수련하는 것에는 꽤 돈이 들어서 젊은 직장인은 하기 어렵지요. 옛날 같으면 부장님 정도는 되어야 수업료를 낼 수 있습니다. 어떤 지위에 오르면 수련을 하는 것이 의무에 가까웠습니다.

수련을 하다 보면 선생님에게 꾸중을 듣습니다. 처음부터 끝까지 계속요. 초보자 때는 물론이고 10년을 해도 20년을 해도 여전히 혼이 납니다. 어제도 능악 수련을 하다가 선생님에게 막 혼이 났습니다. 저도 이제 칠순

---

* 부자나 큰 가게 주인이 여가로 익혀 둔 예능.
** 14세기에 시작되어 현대까지 약 650년간 전승된 일본의 고전 연극. 현재까지 상연되는 무대 예술 중 가장 긴 역사를 가졌다.

이 지났고 이 세상과 이별할 나이가 가까워졌는데 제게 "노력이 부족하다"고 하더라고요. 너무하다고 생각하지 않습니까? 이제 저에게는 노력할 수 있는 체력도 남아 있지 않은데 일흔둘의 저를 여든의 선생님이 계속 꾸짖는 것입니다. 순서가 틀렸다, 박자가 틀렸다, 부채질이 틀렸다, 다르다, 더 천천히, 더 빨리. 계속 혼났습니다.

선생님에게 혼나는 지점은 모두 '자못 저다운 실수' 입니다. 저라는 인간의 본성이 그대로 드러난 실패거든요. 그냥 어설프다든가 기억력이 나쁘다든가 하는 게 아닙니다. 저의 실패에서 드러나는 것은 세상을 얕보는 태도 같은 것입니다. 바로 저의 인간적 결함이 드러나는 거죠. 선생님은 거기에 초점을 맞추어서 혼을 냅니다.

어제는 능악 수련을 하면서 "멋을 부리지 마라, 좋은 모습 보이려고 하지 마라"라는 말을 들었습니다. 제가 "여기가 이 능악의 핵심 포인트죠. 여기서는 목소리를 좀 떠는 것이 좋을까요?"라고 질문했더니, "장난치지 마라. 이만큼 수련을 해 놓고 아직도 그런 바보 같은 소리를 해"라고 혼났습니다.

그때 수련하는 것이란 '혼나려고 돈을 내는 구조'라고 생각했습니다. 능악과 무용의 기술을 익히는 것이 목적이 아니라, 사실은 잘난 체하고 있는 남자들에게 "잘난 체하지 마, 자만하지 마" 하고 머리를 때리는 교육적인 장치인 것이 아닐까 하고요.

사서는 다른 세계로의 문지기

다시 책 이야기로 돌아가겠습니다. 그러고 보면 도서관도 '우쭐해하는 것'을 야단치는 교육적 기능을 담당하고 있습니다. 만약 도서관에 갔는데 자신이 읽은 책과 자신이 앞으로 읽을 예정인 책만으로 서가가 가득 채워져 있다면 어떻게 될까요? 자신의 '기지'既知로 채워져 있다면 도서관은 무의미합니다. 도서관은 읽고 싶은 책을 빌리러 가는 장소가 아닙니다. 무언가를 조사하러 가는 장소도 아닙니다. 물론 그런 기능도 있습니다만 최대의 기능은 무지를 가시화하는 것입니다. 도서관은 우쭐대지 말라며, 이용자의 콧대를 꺾는 '정문의 일침'을 놓습니다.

책은 다른 세계로 통하는 문이니 전문가가 지켜야 합니다. 오늘 여기에 온 여러분은 사서로 일하고 계시지요? 실은 여러분은 문지기gatekeeper입니다. 지금까지는 모르셨죠, 여러분이 하는 일이 무엇인지.(웃음) 여러분은 문을 지키고 있습니다. 이 문 저쪽에선 꽤 위험한 것이 펼쳐지고 있습니다. 그러므로 아마추어가 가벼운 마음으로 들어왔다간 위험에 직면하게 됩니다. 따라서 문지기가 필요합니다. 여기서부터는 '다른 세계'가 펼쳐지고 있으니 전문가의 안내가 필요하다고 알려줘야죠.

학교 교육이란 아이들의 시민적 성숙을 지원하는 일

조금 전에도 대기실에서 짧게 이야기를 했는데요. 하시모토 토오루*가 취임하고 나서 도서관 탄압이 시작되었죠. 그 사람은 먼저 공무원, 교육과 의료, 그리고 전통 인형극인 분라쿠文樂와 같은 고전·전통 예능을 겨냥하고 전부 부수려고 했지요. 이 선택은 어떤 의미에서는 매우 정확했습니다. 그가 노린 것은 모두 다른 세계로 통하는 길이니까요. '다른 세계로 통하는 길을 전부 막아 버리자. 어차피 이 세상은 색色과 욕欲이니까. 모든 인간은 권력과 재력을 바란다. 그 이외의 것은 이 세상에 존재할

---

* 2011년 오사카 시장으로 취임한 극우 성향의 정치인.

이유가 없다'는 자세로 가공할 만큼 값싸고 각박한 세계에 모든 사람을 몰아넣으려고 했습니다. '다른 세계 부수기'에 대한 그의 열의가 자못 굉장합니다.

지금 학교는 아이들에게 시험을 보게 해서 그 성적으로 '등급 매기기'를 하는 평가 기관 그 이상도 그 이하도 아니게 되어 버렸죠. 저는 아이들을 평가하고 등급을 매기는 것은 학교 교육의 본령이 아니라고 생각합니다. 학교는 아이들의 성숙을 지원하는 곳이어야 합니다.

어른이 보기에 아이는 수수께끼로 가득한 존재입니다. 그것으로 된 겁니다. 거기서부터 시작해야 합니다. 아이들을 일단 틀에 집어넣고 똑같은 과제를 부여하고 그 성과에 등급을 매기는 것은 아이에 접근하는 방식으로는 틀렸습니다.

옛날 일본에는 아이들은 7세 무렵까지 '성스러운 존재'로 대하는 규칙이 있었습니다. 문학평론가 와타나베 교지가 쓴 『사라져 버린 세상의 그림자』逝きし世の面影라는 책에는 막부 말에 일본을 찾은 외국인들이 일본에서 아이들을 소중하게 대하는 것을 보고 놀랐다고 적혀 있습니다. 이것은 일본인이 아이들을 '귀여워한다'는 것과는 조금 결이 다릅니다. 귀여워한 것이 아니라 '아직

이 세상의 규칙을 적용해서는 안 된다, 그들은 다른 틀에 있는 존재다'라고 생각해서 아이를 대접한 거죠. 중세 이래 전통적으로 그랬습니다. 아이는 7세 무렵까지는 다른 세계와 연결되는 성스러운 존재입니다. 어느 정도 나이가 차면 그 연결이 끊어지고 말죠. 청소년기 끝 무렵에 그 연령에 도달합니다. 그렇게 사람은 성스러운 존재에서 세속의 존재가 됩니다.

그래서 '이 세상에 속하지 않은 것'과 이 세상을 가교하는 이에게는 기본적으로 아이 이름을 붙이는 습관이 있지 않습니까. '주탄동자'酒吞童子라든지 '자성동자' 茨城童子라든지 '팔뢰동자'八瀬童子 등등 말이죠. 그들은 이 세상의 질서에 따르지 않죠. 소를 치는 사람도 그렇습니다. 그 당시 일본 열도에 사는 최고의 짐승으로 여겨졌던 소를 제어하는 이였으므로 성스러운 존재입니다. 그래서 어른도 아이의 모습을 하고 사람들에게 아이 이름으로 자신을 알렸죠.

아이 이름을 붙이는 것에 또 '배'가 있습니다. '○○○丸'이라고 하죠. 그것은 아이 이름입니다. 바다와 강 등 야생의 에너지가 소용돌이치는 세계와 인간 세계 사이에 서는 존재이므로 배도 아이인 거죠. 아이는 반은 야생이고 반은 문명이라서 야생과 인간 세계 사이에 설 수 있습니다.

분리 작업은 매우 정교하게

학교란 실은 성스러운 존재인 아이를 받아들여, 이 아이들을 천천히 다른 세계에서 멀어지도록 하는 장소입니다. 저의 시각에서 보면 잘 알지 못하는 곳과 연결된 아이들을 잘 조정해서 외부 및 다른 세계로부터 분리해 이쪽 세계로 오도록 하는, 아주 복잡하고 공이 많이 드는 작업을 하는 곳이 학교입니다.

교실도 도장과 똑같아서 초월적인 것과 외부 세계와 교류하는 장입니다. 옛날 사대부가 배워야 할 과목 중에 '육예'六芸라는 것이 있지 않습니까? 예礼, 악樂, 사射, 어御, 서書, 수数 등을 말합니다.

당연히 예가 제일 먼저 옵니다. 이것은 조상의 영혼을 받들어 모시는 의례를 가리킵니다. 죽은 자를 어떻게 제대로 공양할지를 인간이 가장 앞서 배워야 할 거리로 삼은 데서 그 깊은 생각이 읽힙니다. 장례는 '제대로 받들어 모셔야 사자死者가 재액을 가져오지 않는다. 제대로 받들어 모시지 않으면 재난을 불러온다'는 믿음을 기초로 합니다. 살아 있는 자의 행동에 따라 사자의 행동이 바뀐다는 것은 요컨대 사자와 커뮤니케이션이 이루어진다는 겁니다. '인간은 존재하지 않는 이와도 커뮤니케이션할 수 있다'고 생각하고, 이를 인간의 첫 번째 공부로 삼았으니 인간에 관한 통찰이 깊었음을 짐작하게 됩니다. 귀신이란 이 세상의 존재가 아닙니다. 다른 세계에 있는 존재죠. 그러므로 인간의 상식을 넘어선 것을 섬기기 위한 옳은 방법을 배우는 것이 바로 예입니다.

악은 음악입니다. 왜 음악이 두 번째에 오는지 오랫동안 그 의미를 몰랐지만 지금은 조금 압니다. 공자는 음악을 사랑했습니다. 정적에 쫓겨서 방랑 생활을 할 때도 거문고 켜기를 멈추지 않았습니다. 악은 시간 의식을 함양하는 것입니다. 풍부한 시간 의식을 갖추지 않으면 음악을 감상할 수 없습니다. 악기 연주도 감상할 수 없습니다. 왜냐하면 음악은 '이미 사라져 버린 소리'가 아직 들리고 '아직 들리지 않는 소리'가 벌써 들리는 과거와 미래의 확장 속에 몸을 두지 않으면 경험할 수 없기 때문입니다.

단음單音의 음악은 없습니다. 리듬도 멜로디도 선행하는 악음과 후속하는 악음을 엮어 내는 관계 속에서만 이뤄집니다. '선행하는 악음'도 '후속하는 악음'도 논리적으로 말하자면 지금 여기서는 들리지 않습니다. 즉 여기에는 존재하지 않는 것입니다. 지금 여기에 존재하지 않는 것들과 관계를 유지하지 않으면 연주를 들을 수도 없습니다.

음악을 들을 때 그때까지 들었던 선행 악장의 모든 음악이 '지금도 들리는' 사람, 앞으로 계속될 악장의 모든 악음이 '벌써 들리는' 사람은 지금 여기서 들리는 단독의 음(그것은 사실상 원리적으로는 있을 수 없습니다만 가설로서)을 깊게 맛볼 수 있습니다.

처음으로 듣는 곡이라도 그때까지의 악음을 쭉 기억하여 들리는 사람은 앞으로 이어질 악상을 어느 정도 예측할 수 있습니다. 그 기대에 딱 들어맞는 음이 들리면 쾌감이 찾아오고 기대를 조금 벗어나면 거기서 그루브가 발생합니다.

음악을 즐기려면 가능한 한 긴 시간 속에 있어야 합니다. 그렇죠. 만약 태어나서 들었던 모든 음악을 기억하는 사람이 있다면 그 사람은 듣는 모든 음악 속에서 그가 지금까지 들었던 모든 음악의 변주와 화음과 배음을 들을 수 있을 겁니다. 그리고 앞으로 만들어질 음악(아직 아무도 연주한 적이 없는 음악)을 예측해 상상할 수 있는 사람이 있다면(이것도 가설입니다만) 그 사람이 음악을 들을 때의 쾌락은 우리의 상상을 초월할 것입니다. 음악에 관해서는 과거와 미래에 시간 의식의 날개를 크게 펼칠수록 더 큰 쾌락을 약속받을 수 있습니다. 그래서 음악이 시간 의식을 기르기 위해 매우 중요한 과목으로 여겨졌다고 봅니다.

사는 활弓, 어는 말馬 다루기, 즉 무술입니다. 우리는 검과 창을 사용하는 무도를 가리킬 때도 '검과 창의 길'이라 하지 않고 '궁마의 길'이라고 말합니다. 우리가 흔히 무사의 모습으로 먼저 상상하는 것은 말에 올라타서 활을 쏘는 자세입니다. 궁술과 마술은 무술 가운데서 실은 특수한 것입니다. '적이 없기' 때문입니다. 활에서 기술의 성패를 결정짓는 것은 100퍼센트 자신의 심신입니다. 과녁은 적처럼 공격해 오지 않습니다. 자신의 신체를 어디까지 잘게 분절할 수 있는지, 근육과 골격과 신경과 세포에 이르기까지 얼마나 의식할 수 있는지가 과제입니다. 신체를 움직이는 정밀도를 올리려면 어떤 식으로 마음과 몸을 사용해야 하는지를 궁리하는 것이 활쏘기입니다.

어도 상대가 말이니, 역시 적은 없습니다. 마술에서 요구되는 것은 인간이 아닌 것과 커뮤니케이션하는 힘입니다. 말을 잘못 다루면 크게 다치고 운이 나쁘면 죽기도 합니다. 말과 커뮤니케이션이 이뤄져 일체가 되면 켄타우루스나 키메라가 될 수 있습니다. 인간과 비인간이 하나가 되어서 '공♯ 신체'를 형성할 수 있습니다. 그럼으로써 인간 단독으로 발휘할 수 있는 운동 능력의 수십 배를 발휘합니다.

도서관 일은 이 육예 중 예에 해당한다고 생각합니다. 앞서 여러분은 문지기라고 말씀드렸습니다. 학교라는 곳은 아이들을 '저쪽 세계'에서 '이쪽 세계'로 슬쩍 이동시키는 아주 복잡하고 공이 많이 드는 일을 하는 곳입니다. 반은 야생의 존재인 아이들을 문명화하는 곳이죠. 물론 고통을 동반하는 과정이고, 교사는 성장을 지원합니다. 바로 그것이죠.

사서와 마녀

요즘은 제대로 학교에 적응하지 못하는 아이들이 많죠. 왜 학교에 오지 않는가 하면 아이들 안에 있는 '수수께끼 같은 것' '미스터리한 것'을 학교 교육이 전혀 평가하지 않기 때문이라고 생각합니다. 아이들을 단지 '작은 어른' '무능한 어른'으로 대하죠. 아이들에게 좀 더 외포畏怖의 마음, 경의를 가져야 합니다.

'양호실 등교'라는 것이 있죠. 교실에는 올 수 없지만, 양호실에는 갈 수 있는 아이 말입니다. 그것은 의료가 학교 교육과는 전혀 다른 영역의 활동임을 아이들도 직감적으로 알기 때문일 겁니다. 대체로 양호실 선생은 '여선생'이죠. 간호사의 계보니까요.

간호사라는 직업은 거슬러 올라가면 마녀魔女의 계보와 연결됩니다. '산파'를 프랑스어로 'sage femme'라고 합니다. '지혜 있는 여자'라는 의미입니다. 전근대까지 이 지혜 있는 여자들이 약제를 만들거나 병을 낫게 하거나 출산을 도왔습니다. 종종 그녀들은 가톨릭교회로부터 '이단 신앙을 가진 마녀' 취급을 받고 처형당했습니다.

아이들은 아는 겁니다. "앗, 양호실에 마녀가 있다!" 마녀라면 괜찮다고 생각하는 거죠. 다른 선생님들은 세속인이지만 양호 선생님은 마녀라 그곳에는 세속과는 다른 가치관이 작동하고 있음을 직감하는 거죠.

그러므로 '도서실에 마녀가 있다'고 아이들이 느끼면 '도서관 등교' 같은 일이 일어나리라 생각합니다. 교실에는 갈 수 없는 아이가 등교하자마자 도서실로 직행하는 일이 일어날 수밖에 없는 거죠. 양호실에 가는 것처럼, 도서실로 곧장 가서 거기서 책을 읽으며 하루를 보내는 아이가 나온대도 전혀 이상하지 않습니다. 사서 여러분은 그런 아이들을 환대해야 합니다. 여러분은 문지기니까요.

문지기는 다른 세계로, 외부로 통하는 문을 지키는 사람입니다. 현세의 현실적인 가치관이 통용되지 않는 세계, 그 '지하 2층'에 내려가면 '이 세상에 속하지 않는 것'과 아이들도 만날 수 있습니다.

하지만 아이들이 지하 2층에 계속 머물면 위험하니까 제한 시간을 넘으면 슬쩍 현실 세계로 데려와야 하죠. 바로 그때가 문지기의 수완이 빛을 발할 때입니다.

제가 합기도장에서 가르치는 것도 실은 그런 일입

니다. 소년부에서 제일 어린 아이가 4세입니다. 아이들에게 무엇을 가르칠 수 있을까요. 무도를 하면 '예의 바르게 된다'든지 '애국심이 함양된다'라고 말하는 바보가 있는데요. 그런 것을 가르치지 않습니다. 무도를 수행한다고 해서 애국심 같은 것이 생기지는 않습니다. '국민 국가' 같은 편협한 이야기를 하는 게 아닙니다. 어떻게 '귀신'을 섬길 것인가, 그 이야기를 하는 겁니다.

초월적인 것에 대한 경의

도장에서 가르치는 것은 일단 한 가지밖에 없습니다. 바로 아이들에게 초월적인 것에 경의를 갖게 하는 겁니다. 도장에 들어왔을 때 정면을 향해서 제대로 예를 갖추는 것.

제가 개인적으로 도장을 만든 이유는 공공 체육관에는 '집안에 신을 모셔 놓는 감실龕室' 같은 것이 없어서입니다. 개풍관에는 물론 감실이 있습니다. 감실이나 불단, 십자가 등은 외부로의 통로니까요. 어떤 의미에서는 이만큼 공공성 높은 것이 없습니다. 거기에는 현세의 가치관이 통하지 않는 부분이 있죠. 이에 대해 경의를 표한다는 것은 '스스로 이해도 공감도 할 수 없는 대상과 적절한 거리를 둔다'는 의미입니다. 이 방법을 익히는 것, 그것이 바로 무도를 배우는 일의 핵심이라고 생각합니다.

저는 도장에 들어와서 수련을 시작하기 전에 반드시 "잘 부탁합니다", 끝나고 나면 "고맙습니다"라고 말합니다. 이 말은 제가 먼저 합니다. 제가 사범이고 앞에서 있는 것은 제자들인데요. 제자가 "부탁합니다"라고 머리를 숙이고 제가 "자, 그러면 지금부터 가르쳐 주지"하고 답하는 게 아닙니다. 물론 "가르쳐 주셔서 감사합니다"도 아닙니다. 저의 "잘 부탁합니다"는 도장을 향한 말입니다. "지금부터 잠깐 여기서 무도 수련을 할 겁니다. 부디 좋은 수련을 할 수 있도록 그리고 아무도 다치지 않도록 여기에 있는 제자들을 지켜 주세요"라고 도장에 간청하는 겁니다. 투수가 플레이볼을 할 때 모자를 벗고 홈베이스에 가볍게 인사를 하는 것과 같습니다. 그 인사는 심판을 향해 인사하고 스트라이크존을 잘 봐 달라고 부탁하는 것이 아닙니다. 그 '인사'는 볼에, 필드에 건네는 인사입니다. "지금부터 9이닝 동안 시합을 할 텐데요. 부디 멋진 게임을 할 수 있도록 잘 부탁합니다"라는 의미입니다.

도장에서의 인사도 그것과 똑같습니다. "지금부터 좋은 합기도 수련을 할 수 있도록 지켜봐 주세요"라며 인사하는 겁니다. 그런 '도장에 대한 경의'가 절대적으로 필요합니다. 그것만큼은 아이들에게도 까다롭게 가르칩니다. 저에게 경의를 표할 필요는 없습니다.

나는 도장의 문지기니까 '이 세상에 속하지 않는 것'과 관계를 맺을 때 어떻게 하면 좋은지 선인으로부터 전해져 온 방법을 몇 가지 알고 있습니다. 그래서 이렇게 말하죠. "내가 하는 말을 잘 듣도록." 등산할 때 안내인이 "제 말을 잘 들으세요" 하는 것과 똑같습니다. 아마추어(문외한)가 마음대로 행동하면 위험한 일을 당할 수 있으니까요.

저는 아침에 일어나면 제일 먼저 도장에 나가서 문을 열고 인사를 하고 축사와 반야심경 등을 외우고 도장을 영적으로 청결하게 합니다. 그것이 제가 매일 아침 다 하는 의무입니다. 문지기니까요.

책은 신성한 것

아마 여러분도 아주 자연스럽게 저와 비슷한 일을 하시리라 생각합니다. 아침에 자신이 담당한 도서실 문을 열면, 10시간 가까이 아무도 들어오지 않았던 장소의 독특한 분위기가 풍기죠. 고요함 속에 잠긴 서가를 향해서 무심코 손을 합장하고 예를 표하고 싶은 마음이 들 때가 있지 않습니까. 많은 책이 꽂혀 있는 장소에는 그런 힘이 있습니다. 신사나 절과 비슷한 분위기가 나죠. 도서관에 발을 한걸음 들여 놓았을 때 아이들이 무심코 인사를 하고 싶다든지 손을 합장하고 싶은 마음이 든다면 그것만으로 도서관이 존재하는 의의를 다했다는 생각이 듭니다.

앞에서도 말씀드렸듯, 도서관은 유용한 지식을 얻으러 가는 시설이 아닙니다. 물론 결과적으로 풍부한 정보와 지식을 얻을 수 있겠지만 그러기 위해서는 그 전 단계에 자신의 무지를 깨닫고 '좀 더 현명해지고 싶다' '좀 더 성장하고 싶다'는 마음이 발동해야 합니다.

다음 시험 범위라든지 리포트를 써야 해서 책을 읽는 것은 읽은 것이 아닙니다. 현세적인 이익을 섬기는 독서에는 도서관도 사서도 필요 없습니다. 물론 읽지 않는 것보다는 낫겠지만 그것은 책을 모독하는 행위입니다. 책이란 그보다 신성합니다.

이런 말을 하는 사람은 별로 없을 텐데요. 저는 그렇게 생각합니다. 여러분은 그런 성스러운 책을 섬기는 성직자와 같은 존재입니다. 그런데 사서도 교사도 언제부터인가 노동자가 되어서 성직자가 아니게 되었습니다. 물론 노동자이기도 하지요. 여러분이 노동자로서 고용 환경 개선을 위해 싸워야 하는 것은 당연하지만, 그와 동시에 성직자로, 이중화되어 있다고 생각합니다.

최전선에 서는 문지기들

교육과 의료계에 오는 사람은 어떤 공통의 경향이 있습니다. 와야 할 사람이 오는 것이죠. 그런 사람이 와서 문을 지키는 겁니다.

전 오사카 시장 하시모토 토오루 같은 사람은 그것을 아는 겁니다. 교육·의료에 다른 세계로의 문이 열려 있음을 알고, 그것을 허용할 수가 없는 거죠. 힘 있는 자,

경쟁에서 이긴 자는 이 세상을 지배해도 좋고 약한 자, 경쟁에서 진 자는 몸을 움츠려서 살아야 한다는 것이 그의 사상입니다. 이 세상의 권위나 가치와 인연이 없는 것이 이 세상에 들어오는 것을 두고 볼 수 없어서 전부 문을 닫는 거죠. 닫고 용접해서 철문을 달고 두 번 다시 '초월적인 것'이 이 세상에 들어와 아이들이 지적 성숙을 달성하지 못하도록 만들어 버리는 겁니다. 어떤 의미에서는 아주 감이 좋은 사람입니다. 단박에 인간의 감정 생활과 종교적 감수성을 풍부하게 하는 기관을 전부 부숴 버리니까요.

지금 여기밖에 없는 거죠. '여기서 이기고 지는 것이 모든 것이다. 상대적인 우열, 승패, 강약만이 문제다.' 이것은 확실히 '반지성주의'이며, 그걸 넘어 외부에 대한 증오도 가득한 겁니다. 거기에 많은 일본인이 박수갈채를 보냅니다. 이는 "나는 지성적·감성적·영성적인 성숙을 거부할 거야"라는 선언에 동참하는 것입니다. 그야말로 말세적인 풍경입니다.

교토의 단고반도丹後半島에는 딱 두 사람이 거주하는 마을이 있습니다. 이전에는 수십 명이 살던 곳인데요. 지금은 여든이 넘은 할머니 두 분만 삽니다. 그곳의 오래

된 민가를 사서 개조해 살겠다는 문인이 있습니다. 그 문인 부부가 거기서 민가를 열심히 개축하고 있자니 할머니들이 와서 "당신네들 여기서 살 거여?"라고 묻는 겁니다. "여기를 깨끗이 정리해서 주말에만 밭일을 하러 오겠습니다"라고 말하자 "그보다 공민관이 있으니까 그 공민관을 당신네들이 지켜줘"라고 말하는 겁니다.

원래는 그 마을의 바로 위에 절이 있었는데요. 절이 없어져 버려서 지장보살의 본존을 공민관으로 옮겼다고 합니다. 헤이안시대의 불상이 이 공민관에 안치된 거죠. 그런데 할머니 두 분 모두 후대가 없으니, 두 분이 돌아가시고 나면 이 마을은 폐촌이 되어서 본존을 지킬 사람이 없게 됩니다. 그리하여 "당신네들이 이 공민관을 지켜 줘. 그곳을 마음대로 사용해도 좋으니까"라는 말을 들었습니다.

그 공민관이라는 곳이 아주 넓습니다. 밑은 40평쯤 되는 집회장으로, 2층에는 숙박 시설도 있습니다. 물론 부엌과 목욕탕과 화장실도 있습니다. 거기서 그들은 먼저 깨끗하게 바닥을 갈고 청소하고 이불을 깔아 묵을 수 있게 만들었습니다.

그 문인 부부는 회사를 그만두고 이 마을로 옮기려

고 생각 중이라고 합니다. 지장보살의 본존을 지켜야 하기 때문입니다. 저는 "논을 만들고, 여기서 쌀농사를 짓고 채소를 재배하고, 염소와 양을 키우고……" 하며 여러 가지 꿈을 이야기하는 그가 대단하다고 생각했습니다. 지금은 그런 사람들이 여기저기 있어요, 일본 전역에 말이죠.

이 사람들은 야생 자연과 문명사회의 경계선에서 열심히 머무르려고 합니다. 그들도 직관적으로 알고 있습니다. 여기가 야생 자연과 문명사회의 인터페이스라는 것을 말이죠. '이 인터페이스에는 누구든 문지기가 없으면 안 된다. 혼자든 둘이든 좋으니까 문지기가 있어야 한다. 여기에 있다가 야생의 침입을 밀어낸다. 밀어내면서 야생으로부터 은혜를 받는다. 야생, 다른 세계와의 경계선만이 인간에게 혜택을 가져다준다.' 두 사람은 그런 생각을 직감적으로 한 거죠.

야생 그 자체도, 문명 그 자체도 혜택을 가져다주지 않습니다. 원시림 안에서는 살 수 없고, 콘크리트 도시 안에는 먹을 게 없죠. 강이 있어도 오염되어 물조차 마실 수 없습니다. 마실 수 있는 물, 먹을 수 있는 농산물을 만들어 내는 것은 야생과 문명의 최전선입니다. 그 경계선을 누군가는 지켜야 하는 거죠. 센티넬sentinel이란 파수꾼을 뜻합니다. 즉 초월적인 것, 야생의 것, 다른 세계에 속한 것과의 경계선을 지키는 사람입니다. 그런 사람이 일정 숫자 확보되지 않으면 이 세계를 지탱할 수 없다는 사실을 직감하고 그들은 그 마을에 있는 것입니다.

독립 서점

책 이야기를 하자면, 지금 일본 곳곳에 '혼자서 하는 서점'이 늘어나고 있습니다. 자기 동네에 서점이 없어져 버려, 견딜 수가 없는 거죠. '서점이 한 곳도 없는 곳에서는 살고 싶지 않다' 하는 마음인 겁니다. 그래서 '자, 그러면 내가 서점을 하자!'라는 의지로 이어지는 거죠. 단 자신에게도 일은 있고 생활비도 벌어야 하니까, 서점만으로는 먹고살 수 없으니까 주중에는 일하고 주말에만 서점을 여는 겁니다. 서점은 사업 면허 같은 것도 필요 없어서 쉽게 할 수 있는 것 같더군요. 도매상을 통하려면 큰돈이 듭니다만, 도매상을 거치지 않고 출판사에서 직접 물건을 사는 서점이라면 곧 개업할 수 있죠. 그런 '혼자서 하는 서점'이 오늘날 일본 곳곳에 생기고 있습니다. 누군가 "서점을 만듭시다"라는 캠페인을 하는 것도 아닌데 계속 생겨요. 대체로 여성들이, 서점과 카페를 함께 합니다.

요전에 '지방으로부터의 문화 발신'이라는 심포지엄이 있어서 저도 온라인으로 참가해 "혼자서 서점을 열심히 운영하는 이들이 많은 것 같더군요"라는 이야기를 하자 참여한 다른 여성이 "저희도 그렇습니다"라며 말을 이었습니다. "저희는 고치 현 산 위에다 서점을 열었어요. 차로는 갈 수 없어서 도중에 차를 두고 논과 밭을 지나 걸어야 합니다. 이윽고 산 위에 집이 있는데 그곳이 바로 서점입니다. 그런데 우리 책의 큐레이션이 고치에서 가장 독특하다는 입소문에 손님이 끊이지 않습니다. 정말입니다."

그의 이야기를 듣고 또 제 이야기를 이어가다 보니 화면 뒤에서 한 젊은 남자가 "안녕하세요" 하고 들어와서는 "여기가 서점 맞죠?"라고 말하는 게 아닙니까. 그래서 제가 무심코 "자네 등산하고 온 건가?"라고 물어보니 "네, 그렇습니다"라고 대답을 하더군요. 그런 사람이 하루에 몇 명이나 그 서점을 찾는다고 합니다.

한편으로는 책을 상품으로 보고 사업체로서 서점을 운영하는 사람들이 있지만 그 비즈니스 모델은 이미 파탄이 나고 있죠. 책을 상품이라고 생각하면 그것을 팔아 돈을 버는 일은 이제 미래가 없습니다. 그런데 돈이 되든 안 되든 책을 지키는 사람들은 반드시 있죠.

제가 요전에 방문했던 돗토리 현의 '기스이쿠코' 汽水空港라는 곳은 젊은 부부가 만든 서점 겸 카페입니다. 남성은 지바 현 출신인데요. 2011년 3월 11일 사건 이후에 '도시 문명은 이제 슬슬 끝나겠구나' 생각하고 서쪽으로 서쪽으로 흘러와서 돗토리의 구라요시까지 왔답니다. 돈이 다 떨어진 터라 거기에 눌러앉아서 이런저런 육체 노동을 하며 지내다 보니 문득 서점을 열고 싶은 생각이 든 거죠. 그래서 땅을 빌려서 서점과 카페를 만들었습니다. 거기가 지금은 돗토리의 문화적 거점 가운데 하나가 된 거죠. 문득 정신을 차려 보니 일본 곳곳 여기저기에서 사람들이 모여들어, 구라요시 주변에서 다양한 문화 활동을 시작했답니다. 지금은 아주 활기가 넘치는 곳이 되었지만 원래는 부부가 하는 작은 서점일 뿐이었습니다.

'혼자서 하는 출판사'도 일본 곳곳에 있습니다. 이

경우도 주중에는 다른 일을 해서 생계를 마련하고 주말만 자신이 내고 싶은 책을 만들고 출판을 합니다. 돈벌이는 별로 되지 않겠지만 그럼에도 책을 계속 내고 싶은 사람이 있는 거죠. 이렇게 개인이 책을 지키는 경우가 일본 곳곳에 존재합니다.

책 지키기

학교 도서관도 사서도 지금 여기저기에서 다그침을 당하고 있습니다. 여러 억압 속에서 직업으로서 사라져 가는 엄중한 상황에 맞닥뜨리고 있죠. 그럼에도 '책을 지킨다'는 것에 관한 암묵의 합의가 존재해, 많은 사람이 손수 책 문화를 지키려 거점을 만들어 활동하고 있습니다.

저의 젊은 지인 가운데 아오키 신페이라는 청년이 있습니다. 그는 지금 부인과 함께 나라의 히가시요시노 촌에서 '루차 리브로'*라는 거점을 만들어 활동하고 있습니다. 자신의 집을 도서관으로 개방한 공간인데, 시작한 지 10년 정도 됩니다. 일본 곳곳에 소문이 나서 여러 사람이 그들을 보러 옵니다. 아오키 부부는 지금까지 몇

---

* '싸우는 도서관'이라는 뜻이다.

권인가 책을 냈는데요. 그중 몇 작품은 독립 출판물입니다. 자본주의와는 인연이 없는 곳에서 그런 실천이 앞으로 계속 늘어날 것입니다.

가능하면 여러분도 책 문화를 지키는 이로서, 도서관이라는 다른 세계로 통하는 문의 문지기로서 성스러운 일을 앞으로도 이어가 주셨으면 합니다. "도서관 방문자를 늘려라"라든지 "베스트셀러만 넣어라"라든지 하는 말은 신경 쓰지 마세요. "시끄러워! 우리는 성스러운 문지기야!"라며 그런 세속의 간섭은 일축해 주시길 바랍니다.

Q　문지기에 관한 질문이 가장 많았습니다. 문지기로서 사서에게는 어떤 자질이 필요한가, 현실적으로 어떤 직무 체계를 갖춰야 할까, 아이들을 어떻게 받아들이면 좋을까, 도서관에서 아이들을 대할 때 직면하는 갈림길에서 어떤 선택을 해야 할까 같은 것요.

A　문지기라는 키워드에 이만큼 많은 분이 반응을 보였다는 것은 여러분 자신에게 자각이 있었다는 방증이라고 생각합니다. 단지 평소에 그 단어를 사용하지 않았을 뿐인 거죠. 그래서 제가 문지기라고 말하면 "아, 맞아.

---

* 이 글은 앞선 우치다 선생의 강연에서 학교 도서관 사서들과 우치다 선생 사이 오간 질의응답이다.

그거 그거"라는 느낌으로 이야기가 전해진 거예요. 그런데 사실 문지기라는 말은 실은 오늘 여기에 와서 이야기하면서 생각난 겁니다.(웃음)

의료인이나 학교 교사가 되는 사람은 기본적으로 멘탈리티에 일정한 경향성이 있습니다. 문득 자각해 보니 그 일에 몸담고 있다고 해야 할까요. 이 세상에 반드시 필요한 직업이어서 그렇습니다.

우리가 집단을 꾸리며 살아가려면 반드시 필요한 것이 몇 가지 있는데요. 저는 네 가지를 기본으로 꼽습니다. 그 네 가지 기둥이 인간 사회를 떠받치고 있다고 생각합니다.

첫 번째는 '세상일의 옳고 그름을 판정할 수 있는 사람'입니다. 재판하는 사람이죠. 그리고 '치유하는 사람'입니다. 병과 상처를 낫게 하는 의료인. 그리고 '가르치는 사람', 교육자입니다. 그리고 '기도하는 사람' 종교가입니다. 집단이 존속하려면 이 네 가지 기둥이 있어야 합니다. 이런 행위를 동사로 바꾸어 말해 보면, '재판하다' '치유하다' '가르치다' '기도하다'입니다. 이 네 가지 기본 동사로 인간 집단이 성립합니다. 네 요소가 갖추어지지 않으면 집단은 유지될 수 없습니다. 그러므로 어떤 집단이든 이 직업에 강하게 끌리는 사람들이 일정 수 있습니다.

'치유하는 계열'인 사람은 전체의 7~8퍼센트 정도 늘 있습니다. '가르치는 것을 좋아하는' 사람은 좀 더 많아서 아마도 전체의 10퍼센트 정도는 될 겁니다. 물론이 10퍼센트가 전부 교사가 되는 것은 아닙니다. 다른 일을 하고 살아왔더라도 어느 날 갑자기 "잠시 가르쳐 보는 게 어때?"라는 말에 이끌리는 경우가 있죠. 어쩐지 할 수 있을 것 같아서요.

당연한 말이지만, 여기에 계신 여러분도 실은 어떤 경향성을 가진 분들입니다. '치유하는 계열'에 있는 사람 중 간호사는 '마녀계'입니다. 의사는 자연과학 계열이죠. 이 자연과학 계열의 의사와 마녀 계열의 간호사가 공동으로 치유 작업을 하는 것이 의료의 묘미입니다.

또 이야기가 벗어납니다만 굉장히 재미있는 이야기가 있습니다. 어떤 여자대학이 간호학부를 만들었을 때 거기에 있는 선생님들, 즉 간호사들과 『간호학 잡지』에서 대담한 적이 있습니다. 간호 교육과 여자 교육에 관해 대담을 한 후 식사를 하면서 잡담할 때 여러 깊은 이야기를 들었습니다.

간호사는 '미스터리'한 직업입니다. 여러 일을 할 수 있습니다. 저하고 이야기를 나눈 분은 병실에 오늘 밤을 넘길 수 없는 환자가 있으면 '시체 냄새'를 맡는다고 합니다. '아, 이제 이 사람은 오늘 밤을 넘기지 못하겠구나'를 아는 거죠. 동료 중에는 오늘 밤을 넘기지 못할 환자가 있을 때 '종소리가 들린다'는 사람도 있다고 합니다.

간호사들 사이에서는 '그런 일이야 충분히 있을 수 있지'라는 공감대가 있지만 의사는 그런 이야기를 전혀 믿지 않는다고 합니다. 그야 그렇겠죠. 과학적으로는 아무런 증거도 없으니까요.

그런데 어느 날 그 병원 가까이에서 큰 사고가 났는지 중상 환자들이 계속 실려 온 일이 있었다고 합니다. 살릴 수 있을 것 같은 환자에게 한정된 의료 자원을 우선 제공해야 하는 상황에 놓인 거죠. 그렇게 되자 의사가 어쩔 수 없다는 표정으로 두 간호사에게 "시체 냄새가 나는가요?" "종소리가 들리는가요?"라고 물었다고 합니다. 그런 일을 할 수 있는 사람이 의료인이 되는 거죠.

여러분 같은 사서도 마법 계열입니다. "학교 안에 문지기, 마녀가 있을 곳을 확보하라"고 가시적으로 요구하는 것은 조금 어렵겠죠. 요컨대 이는 여러분의 마음가짐입니다. 이 세계에는 학교의 규칙, 학교가 설정한 목표, 학교의 가치관 같은 것이 있지만 우리는 마녀라서 다른 가치관으로 일하고 있다! "미안한 말이지만 그것과는 달라요. 거기는 결국 세속의 이야기죠. 우리는 앎의 저장소를 지키는 사람들이라고요. 단기적으로 1년간 어떤 업적을 올렸는지 증거가 이러쿵저러쿵, 수치가 이러쿵저러쿵 평가가 이러쿵저러쿵 등등과는 전혀 관계없는 차원의 일을 하고 있습니다. 그렇게 봐 주길 부탁합니다." 이렇게 주장할 필요가 있다고 생각합니다. "이용자 수가 어땠느니 열람 횟수가 저땠느니 하는 건 아무렴 상관없습니다. 도서관은 애당초 사람이 많이 오지 않는 것이 좋습니다"라고 말하는 거죠.(웃음)

학교는 여하튼 여러 선생님이 다양한 가치관과 잣대를 가진 편이 좋습니다. 가치를 재는 척도가 다른 이들이 많은 가운데서 자라야 아이는 성숙할 수 있습니다. 모두가 똑같은 가치관의 울타리 속에서 아이는 호흡하기 힘들고, 그런 사회에서는 살 수도 성숙할 수도 없습니다. 그럼 학교에 가지 않게 되고요. 학교 안에 아이들의 피난처가 필요합니다.

'양호실 등교'가 있는 것은 거기는 의료 원리가 지배하는 공간이기 때문입니다. 의료 원리란 히포크라테스 이후 쭉 똑같습니다. 환자가 어떤 신분이든, 자유인이든 노예든 의료 내용을 바꾸어서는 결코 안 됩니다. 의료는 상품이 아니기 때문입니다. 반드시 자신이 제공할 수 있는 최고의 의료 기술로 진료하는 것. 의사가 되는 사람은 그것을 맹세하죠. 그래서 양호실이 학교 안에서 다른 세계로 있을 수 있는 겁니다. 거기서는 아이들을 일절 차별하지 않으니까요. 병든 사람을 누구라도 받아들여서 낫게 해 주죠.

그와 동시에 역시 학교 안에 하나쯤 더 있어도 좋지 않습니까. 다른 세계 말입니다. 도서실은 다른 세계여도 좋습니다. 거기서는 적어도 '지'知라는 것에 관해서 교실과는 전혀 다른 척도로 판단할 수 있죠. 그것으로 충분합니다. 학교는 싫지만 도서관이라면 좋다고 하는 아이를 구할 수 있으니까요. 그러니 도서실은 고유의 미스터리한 분위기를 만들면 좋겠습니다.

여하튼 여러분에게 드리고 싶은 부탁은 모두 마법사 같은 분위기를 만들어서 일해 달라는 겁니다. 교장에게 "지금 뭘 하는 거야?"라는 말을 들으면 "저는… 마법

사라서 말이죠"라고…….(웃음) 아니, 이건 정말로 진지하게 드리는 말씀입니다. 책 문화라든지 진정한 의미에서의 학교 교육을 생각한다면 학교 안에는 무조건 '마법사'가 있어야 합니다. 아이들이 모두 해리 포터 시리즈를 그렇게 좋아하는 데는 이유가 있습니다. 그 이야기를 보면 선생님들은 전부 미스터리한 비밀을 갖고 있죠. 작금의 학교 선생님은 미스터리한 것을 금지당하고 있으니까, 여러분들이 꼭 학교에서 미스터리를 담당해 주시길 바랍니다.

Q 사서는 아이들과 어떻게 만나야 할까요? 요즘은 "알 필요 없어, 몰라도 돼" 하며 공부하지 않는 아이들이 적지 않은 것으로 압니다. 그런 아이들에게는 무엇을 말하면 좋을까요? '성스러운 존재'인 아이들과 다른 세계의 입구인 책이 많은 도서관과의 궁합은 어떨까, 무지가 가시화된 뒤 '그럼에도 뭔가 알고 싶다, 성장하고 싶다' 같은 호기심이나 공부하고 싶은 마음을 어떻게 동하게 할까 등의 질문을 해 주셨어요.

A "도서관이란 자신의 무지를 가시화하는 장치다"라

고 말씀드렸는데요. 무지가 가시화되어 이러지도 저러지도 못하게 되는 것과 거기서부터 '이 안의 만 분의 일이라도 억 분의 일이라도 좋으니까 배우고 싶다'는 마음은 한 세트입니다. 두려워 떠는 동시에 겸허해지는 거죠.

배움에서 가장 좋지 않은 것은 머릿속에 불량한 지식과 정보가 가득해 더는 새로운 지식과 정보가 들어갈 여지가 없는 상태입니다. 무지란 바로 그 상태를 말합니다. 제가 아니라 프랑스의 철학자 롤랑 바르트가 말한 것입니다.

그러므로 그것을 역으로 말하자면 '지적'이라는 것은 마른 스펀지가 물을 빨아들이듯이 계속 새로운 지(앎)에 대한 갈망이 솟아나는 상태를 의미합니다. 정적인 상태가 아니라 동적이고 다이내믹한 프로세스입니다. '좀 더 알고 싶다, 좀 더 배우고 싶다'와 같은 의욕이 생기는 거죠. 내 '지'의 틀을 쇄신하고 싶고, 하나의 시점 안에 갇히고 싶지 않고, 좀 다른 틀에서 세계를 보고 싶은 그런 자기 쇄신을 '지'라고 말합니다.

용기가 있어서 그 안에 이런저런 지식과 정보와 기능을 담는 것이 '배우는 것'이라고 다들 생각하는 것 같은데요. 전혀 다릅니다. '배우는 것'은 용기 자체의 형상과 용적과 기능이 변화하는 겁니다. 여기에 '넣을 것'(용기)이 있어서 그 안에 이것저것 콘텐츠를 채우는 것이 아닌 거죠. 새로운 입력이 있을 때마다 용기 자체가 다른 것으로 바뀌어 가는 것이 배움입니다. "사흘 만에 만났는데 괄목상대했다." 배우는 사람은 사흘밖에 지나지 않았지만 다른 사람이 되는 그런 과정인 거죠.

배움으로써 사흘 전과는 얼굴도 달라지고 말하는 어휘도 달라지고 목소리 결도 달라지고, 전부 바뀝니다. 즉 배운다는 것은 다른 사람이 되는 겁니다. 학교 교육은 아이들이 다른 사람이 되는 것을 지원하는 일이죠.

무지에 만족하고 무지에 주저앉아 있는 아이들을 '자기 쇄신'의 프로세스로 이끄는 것이 교사의 일입니다. '주저앉는 것'이 '무지'입니다.

이 무지에 고착된 아이들을 해제하는 것은 꽤 어렵습니다. 아이들이 무지에 안주하는 이유는 실은 자기방어 때문입니다. 자기 쇄신이란 자신이 가진 틀을 손에서 놓는 일입니다. 자신의 신념 체계를 부수고 무방비하게 열린 상태가 되는 거죠.

연속적인 자기 쇄신이란 매우 리스크가 높은 일입니다. 배우기 위해서 자기방어를 해제하는 일이니까요.

그 부드러운 상태가 되었을 때 누군가에게 상처받은 경험을 가진 아이는 그것이 트라우마가 되어 자신을 여는 것을 그만두고 맙니다. 무서우니까요.

"내 가치관을 절대로 바꾸지 않을 거야" "나는 나답게 살 거야"라고 주장하는 아이는 실은 용기를 갖고 자기 가치관을 손에서 놓았을 때 상처받은 경험이 있을 겁니다. 그래서 그것을 해제하는 일이 굉장히 어렵습니다.

대학에서 가르쳐 본 경험으로 말씀드리는 것인데, 대학에 온 열아홉 즈음의 아이들은 정도의 차이는 있지만 대부분이 중등교육을 받으며 트라우마적인 경험을 합니다. 그래서 닫혀 있죠. '교사 같은 존재에게는 마음을 열지 않을 거야'라는 각오를 하고 대학에 들어오는 아이도 있습니다. 그 아이들에게 "무섭지 않아, 마음을 열어도 아무도 너에게 상처를 주지 않아"라고 이해시키는 데 2년 정도 걸립니다. 그러다 보면 대학 생활의 반이 지나가죠. 3학년 무렵에야 비로소 자신의 지적인 틀을 부수고 쇄신할 수 있게 됩니다. 상처받기 쉬운 상태가 되어도 아무도 상처를 주지 않는다는 보장이 있으면 자신을 열게 되죠.

교육계에서 일하시는 분들에게 부탁하고 싶은 것이

있습니다. 아이들이 마음을 열었을 때, 무방비 상태가 되었을 때 절대로 상처를 줘서는 안 된다는 겁니다. 학교는 본래 온실이어야 합니다. 아무리 자신을 무방비로 만들어도 누구로부터도 상처 받지 않음을 선생님들이 보장해 주어야 합니다.

이노센스innocence는 매우 중요합니다. 아이들이 '성스러운 것'과 연결되어 있다는 이야기를 아까 했는데요. 그것이 이노센스입니다. 무구하고 무방비하다는 거죠. 이때 상처를 입으면 아이는 자기방어를 하게 됩니다. 그런데 지적 쇄신을 위해서는 일종의 무방비가 반드시 필요합니다.

자기방어를 제대로 하고 어떤 공격에도 대처할 수 있는 사람이 동시에 지적일 수는 없습니다. 지적이라는 것은 무방비하다는 것이기 때문입니다. '무방비하다는 것'은 아주 고도의 능력입니다. 그 능력을 함양하는 것이 학교 교육, 특히 초등·중등 교육의 일이라고 생각합니다. '순진무구해도 괜찮아, 무방비해도 문제없어, 무방비한 채 있어도 아무도 너희에게 상처를 주지 않는단다.'

무방비로 이노센스를 가진 채 성장하는 아이는 크면 아주 느낌이 좋습니다. 돈을 좋아한다든지 권력을 좋아한다든지 유명하게 되고 싶다든지 생각하지 않죠. 어른이 되어도 이노센스를 유지하는 아이는 사회적 승인을 까다롭게 요구하지 않습니다. 그냥 있어도 모두가 상냥하게 대해 준 경험이 있으니, 어떻게든 명성을 떨치고 싶다든지 돈만을 탐한다든지 다른 사람에게 굴욕감을 줄 수 있는 입장이 되고 싶다고 생각하지 않습니다.

지금 아이들 대부분이 다 그 입장에 선 이유는 어딘가에서 이노센스를 잃어버렸기 때문입니다. 무구하다든지 무방비한 모습을 지금 아이들에게선 거의 볼 수가 없죠.

학교 교육이 해야 하는 일은 아이들 안에 겨우 남아 있는 이노센스를 지키는 것입니다. 무방비하지 않다면 완전히 새로운 일은 일어나지 않습니다. 강고하게 자기 방어를 하면서 지적으로 혁신적인 사람은 이 세상에 없습니다.

그래서 아이들을 지키는 여러 방법이 있습니다만 그중 하나로서 여러분이 학교 안에 '미스터리 존'을 만들어서(웃음), 그 미스터리 존에서는 문지기인 여러분이 제시하는 행동 방침을 제대로 듣는 한은 아무리 무방비한 상태가 되어도 절대로 상처를 주지 않는다는 보장을 해 주는 겁니다. 미스터리 존 안에 깊게 들어가게 해 주는 '멘토'로서 여러분이 아이들의 손을 끌어 주는 일을 하시면 된다고 생각합니다. 거기서는 등급 매기기도 없고 평가도 없고 물론 공감도 없고 불필요하게 공포심을 주는 일도 없습니다. 여기에서 멘토를 따라가는 한 네게 상처를 주는 일은 없다고 말하는 거죠. 그런 장소를 학교 안에 만들어 두는 것은 무척 중요합니다.

그래서 세속 권력이 거기를 부수려고 달려드는 겁니다. 학교 안에 세속의 가치관이 통용되지 않는 미스터리 존 같은 것이 있으면 곤란하다고 생각하는 거죠. 미스터리 존을 지키기 위해서는 싸우지 않으면 안 됩니다. 이 성지를 지키려면 여러분이 싸워야 합니다.

학교의 가장 중요한 일은 아이들을 지키는 것이지 평가하거나 등급을 매기거나 상대적인 우열을 논하는 것이 아닙니다. 아이들의 성숙을 지원하는 것이 학교 교육입니다. 그것을 거듭 말씀드리고 싶습니다.

Q 모든 책과 자료가 신성하다고 단언할 수 있을까요? 판타지를 읽어도 현명해졌다고 느끼진 않잖습니까. 과거의 지식과 연결된다는 의미라면 논픽션이 좋지 않을

까요?

A 판타지나 논픽션 관계없이 어떤 책이든 읽어도 좋다고 생각합니다. 중요한 것은 아이들이 좁고 작은 자신의 껍질 바깥으로 나오는 것입니다. 아이들도 꽤 완고합니다. 자신의 나이라든지 성별이라든지 소속된 문화라든지 그 '우리' 안에서 좀처럼 나올 수가 없습니다. 이것을 해제해서 '우리' 바깥으로 데리고 나가야 합니다.

　　가장 좋은 방법은 지금 자신과는 전혀 다른 세계, 먼 나라, 먼 시대의 나이도 성별도 종교도 생활문화도 전혀 다른 사람 안에 들어가서 그 사람의 신체를 통해 세계를 경험하는 것입니다. 자아의 속박을 해제하는 방법으로 이것이 가장 효과적입니다. 그 수단은 무엇이든 상관없습니다. 소설도 좋고 판타지도 좋고 물론 논픽션도 좋습니다. 논픽션이라고 하면 실제로 리얼한 인물이 뭔가를 경험하고 있으니까, 그 리얼한 타자 안에 상상적으로 들어가서 세계를 경험할 수 있습니다.

　　저의 독서 생활에 최초의 전기를 마련한 것은 루이자 메이 올콧이 쓴 『작은 아씨들』이었습니다. 남북전쟁 시기 뉴잉글랜드에 사는 네 자매의 평온한 일상을 그린 이야기의 어디가 저의 심금을 울렸는지 모르겠지만, 책 내용을 다 외울 정도로 반복해서 읽었습니다. 몇 번이나 읽고 이미 숙지한 문장을 다시 읽는 것이 묘한 기쁨을 가져온다는 사실을 이때 알았습니다.

그러고 나서 조르주 상드의 『사랑의 요정』을 만났습니다. 파데트가 되어서 랭드리와 시르방 중 어느 쪽을 좋아할지 고민하다가 갑자기 가슴이 두근거리고 뺨이 뜨겁게 달아올랐던 적이 있습니다. 소설 속 등장인물과 깊게 동일시하면 먼 나라, 먼 시대 모르는 사람의 인생을 나도 살 수 있음을 알게 되었습니다.

그 뒤에 『키다리 아저씨』, 『소공녀』, 『빨강머리 앤』, 『알프스의 소녀』 등 명작 소녀 소설이 제 심금을 울렸습니다. 저는 소녀 소설에 완전히 빠지고 말았습니다. 소녀로 빙의해서 민친 교장을 원망하거나 줄리아를 시기하거나 마리아에게 호소하는 일이 매우 즐거웠습니다.

그 후에 문학이 아니라 철학을 전공했는데요. 철학도 실은 똑같습니다. 역시 철학자 안에 상상적으로 들어가 보는 거죠. 왜 이 사람은 이런 이야기를 필사적으로 우리에게 들려주려고 하는지를 생각하는 겁니다. 그러다 보면 '아, 그렇구나, 그것이 말하고 싶었던 거구나' 알게 됩니다. 자신의 선입관을 손에서 놓고 타인 안에 들어가 보지 않으면 철학도 알 수 없습니다. 자신에게서 나오지 않고 자신을 손에서 놓지 않으면 철학서는 그냥 어려운 책에 불과합니다. 철학도 문학을 읽듯이 읽을 수밖에 없습니다. 화법은 딱딱하고 무미건조하지만 실제로는 철학자도 '이것만큼은 이야기하고 죽어야 한다'는 사명감으로 철학서를 썼을 것이므로 공부하는 마음은 문학과 그렇게 다르지 않습니다.

그러므로 장르가 이러쿵저러쿵 그런 이야기는 할 필요가 없습니다. 먼 나라 먼 시대의 지금 자신과는 전혀 다른 사람 안에 들어가는 경험이야말로 아주 중요하고 아주 유쾌하고 멋진 일이라는 것을 아이들에게 꼭 뜨겁게 말해 주시기 바랍니다. 목덜미를 붙잡고 "됐으니까 무슨 책이든 읽어!"라고 말이죠.(웃음)

2장 : 책에 관하여

인류는 종이책보다 더 나은 것을 발명하지 못했다

저는 책은 없어지지 않으리라 생각합니다. 책은 여전히 인류의 위대한 발명품입니다. 정보 매체로서 책을 넘어서는 것은 아직 존재하지 않습니다.

정보 검색 방식에는 임의 접근random access 방식과 순차 접근sequential access 방식 두 종류가 있습니다. 전자는 필요한 곳에 곧장 접근할 수 있는 것이고, 후자는 처음부터 순서대로 찾는 곳까지 검색하는 것입니다.

종이책은 두 가지가 다 가능한 매체입니다. 처음부터 페이지를 펼쳐서 마지막까지 읽어도 되고 읽고 싶은 곳을 딱 펴서 거기만 읽어도 됩니다. 특히 종이책은 임의 접근에 탁월합니다. 딱히 페이지 수를 외우지 않아도 '북쪽 서가 위에 있는 빨간 표지 책, 한가운데 페이지를 접어놓고 몇 번이나 읽어 손때가 묻은 곳'과 같은 대략적인 검색이 가능합니다.

만약 저의 장서(만 권 조금 더 됩니다만)가 전부 전자책화된다면 서재가 널찍해져서 기분이 좋을 테고 책을 찾을 수고도 들일 필요가 없겠지만, "편리하다" 싶은 것은 평상시뿐이지, 재난이 일어났을 때 전자책은 어떻게 할 수가 없습니다.

제가 책이 굉장하다고 생각하게 된 계기는 1995년 한신 대지진 때였습니다. 아파트가 기울 정도의 재난 상황이었으니 가구는 전부 다 넘어지고 당연히 책장도 넘어졌습니다. 철로 만든 책장은 엿가락처럼 휘어져서 전부 버렸습니다. 그런데 책은 무사했습니다. 표지가 파손된 책은 있었지만, 제본이 흩어지거나 찢어져서 읽지 못하게 된 책은 수천 권의 장서 중 한 권도 없었습니다. 게다가 대체로 꽂아 둔 대로 바닥에 떨어졌으니 책을 금방 찾을 수 있었습니다. 책장을 새로 사서 책을 원래 자리에 꽂는 작업도 간단했죠. 대학 연구실의 책장은 붙박이장이라서 책만 바닥에 여기저기 흩어져 있더군요. 이것도 몇 시간 만에 원래대로 돌려 놓을 수 있었습니다.

우리 집은 다행히 곧 전기가 들어와서 불빛을 사용할 수 있었지만 설령 전기가 들어오지 않아도 종이책은 낮이라면 자연광만으로 읽을 수 있습니다. 그런데 전자책이라면 전기가 없으면 끝입니다. 그래서 전기가 들어올 때까지 읽을 수 없습니다. 만약 장기간 정전 상태가 계속된다면 인프라가 부활할 때까지 수 주간, 수 개월 책 없이 생활해야 합니다. 저처럼 활자가 없으면 살아 있는 느낌이 들지 않는 사람에게 아주 괴로운 일입니다.

그때 종이책은 정말로 '위기에 강하구나' 하고 절실하게 생각했습니다. 홍수가 와서 책이 다 젖어도 말리면 읽을 수 있습니다. 물론 화재로 타 버리면 끝이긴 합니다만 그것 이외의 자연재해에는 강합니다.

편리함의 측면에서는 전자책이 물론 유리합니다. 저도 기차 안에서 책을 읽을 때는 전자책을 택합니다. 중증 활자 중독이라서 이전에는 여행을 갈 때 도중에 읽을 책이 없어지면 어쩌나 싶어 종이책을 예비로 두세 권 가방에 넣어 가기도 했지만, 전자책은 휴대가 간편해서 짐이 꽤 가벼워졌습니다. 매우 고마운 일이죠.

그런데도 깜빡하고 충전기를 잊은 경우 배터리가

다 되면 읽지 못합니다. 전자책은 '평상시용'입니다. '비상시에는 사용할 수 없다'는 의미지요. 그런데 자연재해도 전쟁도 테러도 내란도 언제 일어날지 모릅니다. 그때 책을 읽을 수 없는 상태가 오래 이어지면 저는 견딜 수 없습니다. 그런 사람은 결국 종이책을 손에서 놓지 않을 것입니다.

게다가 전자책은 손으로 만들 수 없지만 종이책은 스스로 만들 수도 있습니다. 시중에서 팔리는 책의 수준에는 미치지 못하더라도요. 하얀 종이에 연필이든 펜이든 문자를 써서 그것을 철하면 '책과 같은 것'을 만들 수 있습니다. 정말로 아무것도 읽을 것이 없다면 저는 아마도 책을 쓸 겁니다. 그리고 그것을 읽을 겁니다. 다른 사람이 읽어 주는 일도 가능합니다. 원한다면 손수 만들 수 있다는 것도 종이책의 최대 강점이죠.

60년쯤 전에 중학생이던 저는 등사판을 잘라 만든 저의 작은 전용 인쇄기로 동인지를 만들어 친구들에게 배포했습니다. 돌이켜보면 열세 살 때부터 읽고 싶지만 아무도 써 주지 않고 아무 데서도 팔지 않을 법한 책은 직접 만들 수밖에 없다는 자세를 견지해 왔습니다.

대학생 때는 정치 팸플릿을 많이 썼습니다. 이것도

등사판 인쇄입니다. 때로는 꽤 긴 글도 썼습니다. 10년쯤 지나 절친인 히라카와 군 집에 놀러 갔을 때 그가 장롱 안에 있는 종이 다발을 꺼내 와서는 "이거 우치다가 썼지?"라고 물은 적이 있습니다. 읽어 보니 1972년 무렵 도쿄대학교 학내 학생운동을 분석하고 거기서 앞으로 어떠한 정치 조류를 만들어 내야 할 것인지를 썼더군요. 먼 옛날이야기라서 의미는 잘 파악하지 못했지만 열 줄 정도 읽어 보니 '내가 썼구나' 하는 것을 알 수 있었습니다. 무슨 무슨 위원회라고 적여 있지 이름은 쓰여 있지 않는데도 알았습니다. 겨우 100부쯤 인쇄한 팸플릿이 사람 손에서 손으로 전해져 와세다대학교 캠퍼스에서 히라카와 군의 손에 떨어진 것이죠.

그때 종이책의 힘이란 꽤 대단하구나 생각했습니다. 보통은 그런 걸 받아도 곧 쓰레기통에 버릴 텐데, 읽고 '이거 재밌네' 하고 생각한 사람이 있어서 "이거 좀 읽어 봐"라는 말과 함께 다른 이에게 전달한 거죠. 그 덕분에 그 문건이 도쿄 도내를 20킬로미터쯤 이동해서 히라카와 군의 손에 들어갔고요.

그런 일은 아마도 전자책이나 인터넷상에 쓴 글에는 거의 일어나지 않으리라 생각합니다. 10년도 넘은 인터넷 텍스트를 누군가가 소중하게 보존해서 친구에게 보여 주는 일은 아마 없을 것 같습니다.

일전에 학생 시절에 히라카와 군과 함께 만든 동인지를 친구가 "서가를 정리하다 보니 나왔어"라며 가져다주었습니다. 50년 전에 만든 것이더군요. 잘 남겨 놓았다고 생각했습니다. 종이책의 보존력은 굉장하다며 감동했고요.

문자를 전달하는 미디어에는 여러 조건이 필요합니다. 지금은 사람들 대부분이 편리함과 가격만으로 그 미디어의 우열을 정합니다. 그런데 미디어에서 정말로 중요한 요소는 '세월과 비바람을 견뎌서 살아남을 수 있는가'와 '누구든 원한다면 손수 만들 수 있는가', 두 가지가 아닐까요.

그 점에서 인류는 종이책보다 더 나은 것을 아직 발명하지 못했다고 생각합니다.

우리는 책장에 언젠가 읽으려는 책들을 꽂아 두고 집에 오는 사람들을 위해, 아니 누구보다 나 자신을 위해 '이 책들을 독파한 나'를 사칭하면서 공개해 둡니다. 사칭하며 이끌어 낸 이익이 많을수록 '이 책들을 언젠가 읽어야 한다'는 절박감이 강해집니다.

책장이라는 것은 이러한 역동적인 구조로 되어 있습니다. 이야기가 다소 비껴 간 듯 보이지만 저는 전자책 이야기를 하려는 것입니다. 전자책에 대해 논할 때 아무도 '책장의 의미'에 대해 언급하지 않죠. 적어도 저는 책장과 전자책의 관계에 대해 쓴 글을 읽은 기억이 없습니다. 왜 그런지는 잘 모르겠습니다.

책은 '책장에 두는 것'인데, 전자책은 책장에 배치할 수 없죠. 전자책은 집 안을 걸을 때마다 겉표지를 내밀며 우리를 향해 "(모처럼 샀으니) 빨리 읽어라" 하고 압박해 오지 않습니다. '이런 책을 모두 독파한 사람'을 이상적 자아로 이미지화할 때 버팀목이 되지도 않습니다.

물론 태블릿에 다운로드한 전자책 리스트는 화면상 '책장'에 들어가 있으므로, 일별하면 내가 어떤 책을 샀는지 한눈에 볼 수 있습니다. 하지만 그것은 '내가 어떤 책을 읽어야 하는가'가 담긴 목록이 아닙니다. 왜냐하면 전자책의 가장 큰 장점이 '언제든지 살 수 있다'는 것이기 때문입니다. 읽고 싶어지면 그때 바로 사서 읽을 수 있습니다. 그것이 전자책의 가장 큰 장점이지요. 하지만 저는 책이란 미리 사 두어야만 교화적으로 기능한다고 생각합니다.

우리는 '지금 읽고 싶은 책'을 사지 않습니다. '언젠가 읽어야 할 책'을 사지요. '언젠가 읽어야 할 책'을 읽고 싶다고 느끼고 읽을 수 있을 만큼의 문해 능력을 갖춘, 언젠가는 충분히 지성적·정서적으로 성숙한 자신이 되고 싶은 욕망이 우리로 하여금 모종의 책을 책장에 꽂도록 이끕니다.

책장의 교화적 힘에 대해서는 다카하시 겐이치로 선생이 매우 흥미로운 증언을 했습니다. 선생과 저는 다케노부 에쓰오라는 젊은 나이에 세상을 뜬 친구를 알고 지냈는데(그는 다카하시 선생과는 중·고교 동기, 저와는 대학 동기였습니다) 그를 추모하는 대담에서 다케노부 군의 책장에 대해 이야기를 나누었습니다.

다카하시 중2가 끝나갈 무렵에 스승(다케노부 군을 가리킴) 집에 놀러 갔거든요. 지금도 기억나는 것은 다케노부 책장에 시인이자 평론가인 다니가와 간이 쓴 『그림자의 월경을 둘러싸고』『원점이 존재한다』『공작자 선언』이 있었다는 것입니다. '중학생은 이런 것을 읽어야 하는구나' 생각했죠. 돌이켜 보면 잘못 생각한 것이죠.(웃음) 우치다 선생님은 다케노부 집에 가 본 적이 있습니까?

우치다 있습니다. 붙박이 책장이 있죠.

다카하시 맞아요, 맞아. 그게 옛날부터 있었는데 저는 대화를 나누면서 거기 있는 책 제목을 힐끔힐끔 보고 암기해 와서는 나중에 서점 가서 찾아보았습니다. '『원점이 존재한다』구나, 『앙리 르페브르』구나' 하면서 말이죠. 지금 와서 생각하면 기초 도서죠. 게다가 스승은 아무 말도 안 했습니다. "르페브르 재미있다" 정도. 그러면 나는 "그렇구나, 읽어 봐야겠다"의 반복. 그때 생각했어요. "영원히 따라잡을 수 없겠구나." 왜냐하면 다케노부 군의 그 큰 책장에는 제가 아는 책이 한 권도 없었거든요. (…) 우뚝 솟은 책장을 배경으로 이야기하는 다케노부 군에게는 후광이 비치는 것처럼 보였어요.

다케노부 군의 책장(거기 꽂힌 책을 그가 정말로 모두 독파했는지는 영원한 수수께끼입니다)에서 '후광이 비쳐' 보였다는 다카하시 겐이치로 선생의 교화되기 쉬운 성향이 결과적으로 가공할 독서량을 자랑하는 '작가 다카하시 겐이치로'를 만들어 낸 것이 아닐까 생각합니다.

다카하시 선생이 경험한 것처럼 책장에 꽂힌 책이란 '그래, 읽어야 해'라는 절박함을 가져다줌으로써 교화적으로 기능합니다. 그리고 '그렇구나, 읽어 봐야겠다' 하는 절박함이 우리에게 명하는 첫 번째 행동은 '책

을 서점에 가서 찾아보는' 일과 입수한 책을 자기 책장에
비치하는 일입니다. 예를 들면『원점이 존재한다』가 영
문학자 야마사키 데이의『신 영문 해석 연구』옆에 놓임
으로써 중학생의 방은 단숨에 "언젠가는 지식인이 될 거
야"라는 의욕 가득한 지적 공간으로 바뀌죠.

중학생 소년이 다니가와 간을 읽었어도 아마 의미
는 잘 몰랐을 것입니다. 그런데 의미를 모르더라도 그 책
이 교육적으로 기능하는 데는 조금도 문제가 없습니다.
'그 책을 읽고 이해해야 하는 사람'으로 자기를 규정함으
로써 소년은 이미 '미지의 앎'이라는 황야에 한 걸음 내
디뎠으니까요.

책장이 가진 욕망

다시 말하지만, 종이책과 비교해 전자책의 가장 큰 약점
은 책장을 공간적으로 형성하지 못한다는 것입니다. 그
앞을 걷다가, 고타쓰에서 낮잠을 자다가 문득 눈을 떠서
책등과 눈이 마주치는 일 같은 건 일어나지 않죠. 아직
읽지 못한 책이 일상적으로 압박해 오지 않는다면 이상

적 자아로서 기능할 수 없습니다. '나는 이런 책을 읽는 사람이다'라고 남들에게 과시할 수도 없고, '나는 이 책들을 (언젠가) 다 읽어야 할 사람'이라고 스스로 다짐하고 자기 교화의 단서로 삼을 수도 없습니다. 좀 더 말하면 장서를 남길 수도 없습니다.

'장서를 남긴다'는 것은 학자나 문인들에게는 거의 삶의 보람이라고 해도 무방합니다. 대학 도서관들은 가끔 작고한 학자의 유족으로부터 장서 기증을 받습니다. 물론 무상입니다. 유일한 조건은 '○○ 컬렉션'이라는 명패를 기증한 장서 선반에 걸어 달라는 것뿐입니다.

학자 가운데는 자신의 논문이나 저서보다 장서를 진정한 업적이라고 여기는 사람이 적지 않습니다. 그런 학자 가운데 끝내 자신의 저술을 세상에 선보여 평가받지 못했지만 사후에 그 엄청난 장서를 본 사람들이 경탄하는 모습을 상상하며 즐기던 사람도 있지 않았을까 생각하곤 합니다. "대단하다! 이만큼 가공할 만한 학식을 갖췄음에도 숨기고 있었다니"라며 생전에 그를 얕보던 사람들이 단견을 부끄러워하는 모습을 떠올리면서 진서珍書, 기서奇書 수집에 힘쓴 학자들이 결코 적지 않을 것입니다. 이런 사람들에게 책장은 이상적 자아의 없어서는 안 될 기반입니다. 사후에도 자신의 식견이나 고상한 취향을 계속 증언해 주는 지극히 충실한 친구이지요.

이는 종이책이어서 가능한 것이지 전자책 다운로드 목록은 이런 재주를 부릴 수 없습니다. 제아무리 석학이고 학계 태두의 장서라 해도 그것이 전자책 형태라면 유족은 아까워하는 기색 없이 하드디스크에 저장된 데이터를 지우고 말겠죠. 다시 말해, 읽고 싶으면 언제든 누구든 거기에 접근할 수 있으니까 보관해 둘 필요를 전혀 못 느끼는 겁니다. 애당초 타인의 컴퓨터 안에 저장된 데이터의 리스트를 보고 감동하는 사람은 이 세상에 없습니다.

전자책 다운로드 목록은 자아의 환상적인 근거를 구성할 수 없으므로 타인의 욕망을 환기하지 못합니다. 그러나 종이책을 꽂아 놓은 책장은 그것을 할 수 있습니다. 이것이 종이책이 전자책보다 뛰어난 점입니다.

"그런 거 어차피 '환상'이니까 있든 없든 상관없어"라고 말씀하시는 분이 계실지도 모릅니다. 그런데 그렇지 않습니다. 예를 들어 종이책을 처분하고 장서를 전부 전자화한 사람의 집에 놀러 간 장면을 상상해 보세요. 그 집에는 '책장'이라는 게 없거든요. 아마 저희는 그런 집에 오래 있을 수 없을 겁니다. 숨이 막혀서요. 왜냐하면 그 방에 사는 사람의 '나를 이런 사람이라고 생각해 달라'는 정보가 너무 없기 때문입니다. 어떤 사람이라고 생각했으면 하는 건지, 힌트가 전혀 없죠. 책장은 인간관계를 맺는 데 유익한 정보를 제공하기도 합니다. 사람을 사귈 때 알아야 할 것은 그가 '실은 어떤 존재인가'보다 오히려 '다른 사람에게 어떤 존재로 여겨지고 싶어 하는가'로 정해지기 때문입니다.

책은 무엇 때문에 존재하는가

전자책의 출현으로 종이책이 위기에 내몰린다고 말하는 사람은 많지만 책장의 기능을 언급하는 사람은 없습니다. 왜 아무도 책장을 문제 삼지 않을까요? 왜 책장의 자기계발적 기능에 관해서 논하지 않을까요? 저는 '독서인'을 '소비자'와 동일시하느라 논의가 본질에서 벗어난 탓이라고 생각합니다.

'책은 사는 사람은 책이 필요해서 책을 산다.' 소비자 모델을 적용하면 그렇게 됩니다. '배가 고파서 샌드

위치를 샀다'는 것과 똑같이, 그 행동을 '그 책이 읽고 싶었으므로 그 책을 샀다'라고 단순하고 구체적인 수요에 기초해 이해합니다. 이런 이해를 토대로 '어떤 책이 읽힐까?'라는 물음만으로 책이 만들어지는 것입니다.

그런데 '책을 읽는 사람'에게는 이야기가 그리 단순하지 않습니다. 책을 고르는 것과 비치하는 것에 자신의 지적 정체성이 걸려 있다고 생각하는 사람에게는 '지금 읽고 싶은 책'과 '당분간은 읽고 싶은 마음이 없지만 언젠가 읽어야 한다고 생각하는 책'과 '읽을 마음은 없지만 내가 읽었다고 사람들이 생각해 주길 바라는 책'은 같습니다.

때로는 '지금 읽고 싶은 책'을 뒤로하고 '다음 주 우리 집에 놀러 올 사람에게 과시하고 싶은 책'을 먼저 사는 일도 있습니다. 거기에는 고금의 책을 둘러싼 욕망과 환상이 거미집처럼 얽혀 있습니다. '독서인'이란 이러한 거미집에 얽힌 사람입니다.

독서인은 유용한 지식과 실용적인 정보를 얻으려고만 책을 읽는 것이 아닙니다. 지금 여기에 있는 결여를 채우기 위해서 책을 선택하는 것도 아닙니다. '아직 여기에 없는 결여'를 기준으로 책을 선택합니다. 언젠가

『잃어버린 시간을 찾아서』를 손바닥 보듯 인용할 수 있는 사람이 되고 싶다. 언젠가 『존재와 달리 또는 존재성을 넘어』를 마른 스펀지가 물을 빨아들이듯 읽을 수 있는 사람이 되고 싶다……. 이렇게 '언젠가 이 책을 중요하게 필요로 하는 사람이 되고 싶다'는 바람이 우리를 책으로 향하게 합니다. 『위대한 개츠비』 속 개츠비의 책장에 있는 책들이 그러한 것처럼 이 세계에 유통 중인 책 대부분은 아직 읽히지 않았습니다.

　책의 본질은 '언젠가 읽어야 한다는 관념' 위에 있습니다. 출판 문화와 출판 비즈니스는 이 '허'虛의 수요를 기초로 존립합니다.

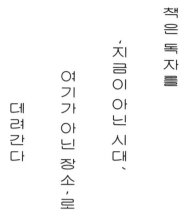

책은 독자를 '지금이 아닌 시대, 여기가 아닌 장소'로 데려간다

2021년 1월 17일에 구라요시 시의 '기스이쿠코'라는 희한한 이름을 가진 서점에 초대 받아 이야기와 질의응답을 했습니다.

기스이쿠코가 그 지역의 문화적 거점이 된 것처럼 비슷한 일이 지금 일본 각지에서 일어나고 있습니다. 공통점은 벽에는 책장이 있고, 커피를 마실 수 있는 목조 공간이라는 것일까요. 새로운 시대의 모델이란 이념이라기보다 실은 이미지가 아닐까 합니다. 감촉이나 냄새에 '실재감'이 있으면 이미지는 침투력을 갖고 현실을 변화시킵니다.

무언가 트렌드가 생겨날 때는 이미지가 선행하는 법입니다. 대학에 자리를 잡고 처음으로 수업을 한 날, 설레고 흥분된 마음에 양복 정장에 조끼까지 차려입고 검은 니트 넥타이에 보스턴 안경을 끼고 교단에 섰습니다. 수업이 끝난 후에 학생으로부터 "그렇게 껴입고 덥지 않으세요?"라는 질문을 받았습니다. 4월에 나는 왜 이런 옷차림을 하고 있을까 생각했습니다. 그것이 『인디아나 존스: 잃어버린 성궤를 찾아서』의 존스 박사가 탐험 여행을 마친 후 대학에서 지루한 얼굴을 한 여학생 앞에서 고고학 강의를 할 때의 스타일이었음을 깨달았습니다. 영화를 보고 '저런 모습으로 강의를 하고 싶다'고 염원한 덕분에 저는 대학교수가 되었습니다. 이미지에 끌려서 직업을 선택하고 만 거죠. 이미지에는 그렇게 현실을 바꾸는 힘이 있습니다.

기스이쿠코의 모리 군은 동일본대지진 때 지바 현에서 서쪽으로 서쪽으로 도망쳐 오다 돗토리 현에서 발이 멈춰 거기에 서점을 열고 싶었답니다. 저의 나이 어린 친구인 아오키 신페이 부부가 나라 현의 히가시요시노 촌에 이주해서 운영하고 있는 사설 도서관 '루차 리브로'나 도쿄의 '옆집 마을 커피'*도 기스이쿠코와 이미지가

---

* 우치다 선생의 오랜 친구인 히라가와 가즈미 씨가 운영하는 인문학 카페로, 도쿄에 있다.

비슷합니다. 벽 한 면을 채운 책장, 나무 바닥, 커피 향기. 제가 운영하는 합기도장인 개풍관 2층도 똑같은 구조입니다. 벽 한 면의 책장과 나무로 만든 바닥. 거기가 공공의 장 역할을 합니다. 책이라는 것은 사유재산이 아니라 공공재입니다. 책은 읽어도 줄지 않고 '물건'으로 독점해도 의미가 없습니다. 그래서 책을 중심으로 하는 공간은 본질적으로 '열린' 공간입니다.

도서관 외에 공공성을 가진 시설로 교회, 성당, 절 등이 있지요. 그런 시설은 기본적으로 찾는 사람들에게 늘 문이 열려 있습니다. 그 안에 발을 들여놓기 위한 조건은 딱 한 가지입니다. 바로 그 '장'에 대한 경의입니다. 그 열린 장에 대한 경의를 가진 사람이라면 누구든 받아들입니다. 개풍관에는 신전이 있습니다. 신전은 외부로 통하는 '교차로'입니다. 다른 세계로 통하는 문이죠. '공공성'이란 단지 지금 이 현실을 공유하는 사람들에게만 열리는 것이 아니라 지금과는 다른 시간 그리고 장소와 연결되는 교차로이기도 합니다.

기스이쿠코, 루차 리브로, 옆집 마을 커피에 공통적으로 깔린 생각은 '열린 공공 공간'에 대한 갈망일 겁니다. 공간이 모두 사유화되고 타자의 출입을 일절 허용하지 않는 '개인 공간'으로 가득한 사회에서 답답함 혹은 폐쇄감을 느끼는 이들이 좀 더 바람이 잘 통하는 공간에서 살고 싶다는 바람이 이런 공간으로 실현된 것이 아닐까요?

'공유지'를 영어에서는 '커먼'common이라고 합니다. 중세부터 19세기까지 영국의 시골에서 볼 수 있었던 촌락 공동체의 공유지를 그렇게 불렀습니다. 사람들은 거기서 가축을 방목하고 낚시와 사냥을 하고 과일과 버섯을 채취할 수 있었습니다. 프랑스에는 '코뮌'commune, 이탈리아에는 '코뮤네'comune라고 불리는 기초 공동체가 있었죠. 모두 공동의 토지, 종교, 언어, 생활문화를 공유하는 공동체입니다.

자본주의의 삶에 지친 나머지 '공공'을 함께 관리할 수 있는 공동체를 재구축하는 작업이 세계적인 규모로 여기저기서 이루어지고 있습니다. '우리'라는 일인칭 복수형이 확실한 리얼리티와 촉감을 갖는 공동체로 구성되는 것입니다.

시라이 사토시, 사이토 고헤이 등 젊은 정치학자들이 계속 코뮌을 주제로 한 책을 세상에 내놓았습니다. 저도 같은 시기에 『코뮌의 재생』이라는 책을 냈습니다. 공공재를 어떻게 함께 관리할 것인가, 공공재를 함께 관리할 수 있는 공동체란 어떠한 곳인가, 그것은 어떻게 만들어지는가. 이것이 우리가 당면한 질문입니다.

지속 가능한 공동체의 바탕은 사적 이해利害가 아닙니다. 내가 공동체에 낸 돈과 서비스만큼 '보상'을 받고 싶다고 생각하는 사람들만으로는 코뮌이 성립할 수 없지요. 코뮌이 존립하려면 먼저 '모두가 사용할 수 있는 공공재'를 확보해야 합니다. 그래서 코뮌의 초기 성립 조건에는 반드시 '제 호주머니를 터는 것'이 포함됩니다. 구성원 전부가 사재의 일부를 내고 개인의 이익 중 일부를 포기해야 비로소 '공공'이 성립합니다. 자신이 낸 것보다 더 많은 것을 공공재로부터 얻으려고 하는 사람과 자신이 낸 만큼 빠짐없이 회수하려는 사람이 과반을 차지해서는 안 되는 것이죠.

70년 인생을 살고 세상의 변화를 봐 온 입장에서 말하자면, 1950년대 도쿄 저잣거리의 삶에는 아직 '공동성'이 있었습니다. 집마다 왕래가 잦았고 오즈 야스지로 영화에도 자주 나오듯이 반찬과 조미료를 서로 빌려주고 되돌려 받는 일도 일상이었지요. 방범, 방재, 공중위생도 지역사회의 일이었습니다. 행정이 아직 충분히 기능하지 않았으므로 지역의 안전을 위한 방범 활동도 시 궁창 청소도 자신들의 생활을 지키기 위해 당연하게 했습니다.

그런데 제가 중학생이었을 무렵 열린 도쿄올림픽 때부터 크게 변화했습니다. 그런 느슨한 공동체가 없어진 것이죠. 우선 블록 담이 생겨서 집과 집 사이의 경계선이 명확해졌습니다. 다른 집에 놀러 가는 것도 뜸해졌습니다. 급격한 경제성장으로 빈부 격차가 생긴 탓입니다. 가전제품과 자가용이 있는 집과 없는 집의 차이가 나자 타인의 눈으로부터 '개인 공간'을 숨기게 되었습니다. 질투 혹은 멸시의 시선을 피하려고 말입니다. 그렇게 나라가 풍족해지자 지역사회는 어이없이 해체되고 말았습니다. 이렇게 간단히 지역 공동성이 파괴되다니, 놀랄 수밖에 없었습니다.

그 후 1980년대에는 지역사회에 이어 가족도 해체되었습니다. 무라카미 류와 이토이 시게사토 등 시대를 대표하는 작가들이 각각 『최후의 가족』과 『가족 해산』이라는 소설을 출간하여 가족이라는 제도는 이미 유통기한이 지났다고 선언했습니다. 더는 누군가와 공간과 생활습관을 공유할 필요가 없다고 말이죠. 자신이 좋아하는 방에 좋아하는 가구를 놓고 좋아하는 음악을 듣고 자고 싶은 시간에 자고 일어나고 싶은 시간에 일어나서 좋아하는 음식을 먹고 사는 것이 행복이라고 모든 미디어가 선전했습니다.

가족 해산은 소비 활동을 가속화했습니다. 그때까지 가족이 코뮌으로서 공유하고 함께 사용했던 모든 재산이 '사유화'되었습니다. 한집에 살았던 4인 가족이 각각 따로 살게 되자 냉장고도 세탁기도 TV도 모두 사람 수만큼 필요하게 되었습니다. 시장의 빅뱅이 도래했습니다. "이건 내 거야, 아무도 손대지 마"라며 공유를 거부하는 마인드가 GDP를 끌어올리고 고도 성장의 추진력이 되었습니다. 누구와 무엇도 공유하지 않는다, 누구와도 교류하지 않고 '자기다움'을 추구한다는 '모든 것의 사유화'가 자본주의 사회에서 절대선으로 간주되었습니다. 그 결과 지금에 이르렀죠.

거품 경제가 붕괴하고 나서 30년, 그 뒤로 일본은 계속 가난해졌는데요. '아무와도 재산을 나누지 않는다'는 마인드만큼은 바뀌지 않았습니다. 코뮌이란 소속된 한 명 한 명의 생활을 풍부하게 하기 위한 공공재였습니다. 그런데 지금은 모든 것에 소유권을 주장하는 라벨이 붙어 있죠. 모두가 이용할 수 있는 코뮌 같은 건 없습니다.

제가 아이였을 때 일본은 '공공의 가난함' 속에 있었습니다. 가난했지만 공유하는 것이 많았습니다. 필요한 것은 모두 함께 돌려 사용하고 순서에 따라 집집이 아이들을 돌봤습니다. 다시 가난해진 지금, 그때처럼 재화와 서비스를 공공의 장에 위탁하고 필요로 하는 이가 사용할 수 있도록 하는 장치를 다시 한번 만들 때가 왔다고 생각합니다.

앞서 말했듯 시대의 변화를 주도해 가는 것은 막연하면서도 보다 구체적인 이미지입니다. 그 이미지를 공유하는 사람들이 동시다발적으로 뭔가를 시작해 결과적으로 큰 트렌드를 형성한다고도 했지요. 지금 막 시작된 새로운 코뮌은 책이 중심이 되지 않을까 싶습니다.

아오키 부부가 주최하여 저도 참가하고 있는 '산학원'山學院이라는 모임이 있습니다. 그 모임이 히가시요시노 촌에서 열렸던 재작년에 '독립서점' '독립출판'을 하는 사람들이 몇 명 참가했습니다. 그때 어촌에서 독립 서점을 연 분의 이야기를 들었습니다. 자신이 사는 곳에 책방이 하나도 없는 것이 쓸쓸해서 직접 열었다고 했습니다. 평일에는 다른 일을 하고 주말만 서점을 연다고, 책을 좋아하는 사람이 오면 같이 이야기를 나누곤 한다고 합니다. 인구가 150명뿐인 세토나이의 섬에 사설 도서관을 연 분의 이야기도 들었습니다. 그 일이 계기가 되어 그 섬에 젊은 이주자가 계속 들어와서 기존 인구 수를 회복했다고 합니다.

모든 사연에서 책이 중심이 된다는 점이 눈에 띕니다. 책을 소중하게 여기고 그것을 모두와 공유하겠다는 의지를 이 코뮌들에서 공통으로 느낄 수 있습니다.

책이란 외부로 통하는 문입니다. 책은 독자를 '지금이 아닌 시대'와 '여기가 아닌 장소'로 데려가는 힘을 지녔습니다. 그래서 책 한 권이 거기에 있는 것만으로도 닫힌 공간에 자그마한 구멍이 생기고 그로부터 신선한 바람이 불어 들어옵니다. 그 바람 냄새를 맡은 사람들이 책주위로 모여듭니다. 이것이 21세기 코뮌 부활의 계기가 되리라 생각합니다.

외부로 통하는 문이 열린 장소에는 독특한 활기가 있습니다. 아는 사람은 알지요. 야마가타 현 쓰루오카시에서는 하구로산의 야마부시*가 지역에서 펼쳐지는 다양한 활동의 중심에 있습니다. 저는 호시노 씨라는 야마

---

* 일본의 종교적 전통 가운데 하나인 슈겐도의 수도사. 산중에서 엄격한 수행을 하는 것이 특징이다.

부시의 초대로 그곳에 매년 가고 있는데요. 모여든 젊은 사람에게 "왜 여기에 오셨나요?"라고 물으면 "왠지 재미있을 것 같아서요"라고 답하는 겁니다. 뭔가 새로운 일이 시작되는 장소에는 독특한 냄새가 납니다. 그것을 감지한 사람이 모여드는 거죠.

제가 근무했던 고베여학원대학은 메이지 초기에 미국에서 온 여성 선교사 두 명이 연 학교입니다. 크리스트교 금지령이 해제된 직후에 고베에 도착한 두 젊은 여성이 연 사숙에 신입생 일곱 명이 들어왔습니다. 이 일곱 명은 도대체 무엇을 느꼈을까요?

그때는 원어민에게서 영어를 배웠다고 해서 취직에 유리한 시대가 아니었습니다. 두 여성 선교사가 가르친 것들, 즉 기독교학, 영어, 세계사 모두 메이지 초기의 일본 사회에서는 시장의 수요가 없었죠. 그런데 그런 것을 가르치는 학교를 열자 '거기서 공부하고 싶다'는 아이들이 모여 들었습니다. 이 아이들은 틀림없이 '잘은 몰라도 거기에는 다른 장소와는 다른 공기가 흐른다'는 것을 느꼈을 것입니다. 메이지 사회의 다른 어디에도 없는 '다른 세계로 통하는 문'을 느꼈을 겁니다.

지금 세계에는 19세기의 영국·프랑스·이탈리아에

서 구축되었던 그런 목가적인 코뮌은 존재하지 않습니다. 이를 대신할 무언가가 다시 등장해야 한다고 느낀 사람들이 '책의 공유'를 과거 코뮌의 대안으로 선택했다고 봅니다.

이 직감적인 선택이 옳았어요. 책이야말로 지금 우리와 가장 가까이 있는 공공재이기 때문입니다. 사용해도 줄지 않고 아무리 읽어도 가치가 감소하지 않습니다. 책의 사용가치는 원리적으로 무한합니다. 예컨대 만 명의 독자가 있다면 만 개의 지혜와 기쁨을 한 권의 책으로부터 끌어낼 수 있습니다.

책은 상품이고 비즈니스라고 많은 사람이 생각합니다. 수요가 많으면 시장에서 비싼 값에 팔 수도 있습니다. 그런데 책은 동시에 공공재이기도 한 희한한 상품입니다. 만약 책이 인간이 집단으로서 살아남는 데 필요한 지식과 정보를 담고 있다면 그것은 가능한 한 많은 사람에게 무상으로 증여해야 합니다.

앞으로도 일본 여기저기서 새로운 코뮌이 탄생할 텐데, 그 중심에 자주 책이 있으리라 생각합니다. 책은 사유와는 거리가 먼 물건이므로 새로운 코뮌의 기초가 될 수 있을 것입니다. 책을 통해서 우리는 먼 나라, 먼 시대의 사람들과 잠깐 함께 시간을 보낼 수 있습니다. 책을 매개로 죽은 자와 만나고 죽은 자의 삶과 감정을 상상 속에서 체험할 수 있습니다. 죽은 자들과의 연결은 모든 공동체의 골격을 형성합니다.

유럽의 커먼과 코뮌과 코뮤네는 그런 것이었습니다. 선인들이 남겨 준 다양한 재산과 지혜와 기술을 받고 다음 세대에 넘겨 주는 것을 의무로 삼은 사람들에 의해 공동체가 구축됩니다. 21세기 일본에서도 이 공동체들이 지방의 거점을 형성해 나가리라 생각합니다.

책장에는 나의 이상적 자아가 담겨 있다

다양한 취미와 취향을 갖고 폭넓은 문해력을 갖춘 독서인이야말로 사회의 문화적 기초요, 무엇보다 글을 쓰는 사람에게 가장 큰 지원자입니다. 독서인의 탄탄한 층이란 책에 관여한 모든 사람이 절실히 바랄 만할 일입니다. 예를 들면 도서관은 살아 있는 독서인 층을 만들어 내고 유지하는 장치입니다. 그런데 이 장치 때문에 '자신에게 들어와야 했던' 얼마간의 인세가 줄어드는 것이 마음에 들지 않는다고 작가가 말할 수 있는 것일까요.

우리는 모두 예외 없이 '무상의 독자'로 독서 경력을 시작했습니다. 태어나서 처음으로 읽은 책이 '자기 돈으로 산 책'이라고 말하는 사람은 없습니다. 우리는 모두 집 책장에 있던 책, 도서관에 있는 책, 친구에게 빌린 책, 치과 대기실에 있는 책을 팔랑팔랑 펼치는 데서 자신의 독서 편력을 시작했지요. 그리고 긴 무상의 독서 경험 끝에 이윽고 제 돈으로 책을 사는 가슴 설레는 순간을 만납니다. 그 책을 우리는 자신의 책장에 꽂아 둡니다. 스스로 돈을 주고 구입한 책만이 본인 소유 책장에 비치됩니다. 거기에 공공도서관 책과 타인의 책을 놓는 것은 규칙 위반이지요. 앞서 이야기한 것처럼 책장은 일종의 이상적 자아이기 때문입니다. '이런 책을 골라 읽는 사람'이라고 타인이 생각해 주기를 바라는 욕망이 책을 고르는 데서 결정적으로 작용합니다. 자크 라캉의 말을 빌려 보자면 우리 집의 책장은 "전미래형으로 쓰여 있다"고 해도 좋겠죠.

　'전미래형'이란 미래의 어느 시점에 완료한 행위와 상태에 관해 사용하는 시제입니다. '오늘 오후 세 시에 나는 이 일을 끝마칠 것이다'처럼요. 책장에 비치된 책이 '전미래형으로 쓰여 있다'는 것은 그 서가를 본 사람이 '아, 이 사람은 이런 책을 읽는 사람이구나, 이런 책을 읽는 취향과 식견을 갖춘 사람이구나' 혹은 '이 사람은 깊이를 알 수 없는 사람이구나'라고 생각해 주길 바라는 욕망이 책장에 공공연하게 투영되어 있다는 뜻입니다. 예를 들면 저의 서가에는 하이데거 전집 옆에 도라에몽 인형(누구한테 받았습니다)이 자리 잡고 있습니다. 정치학자 마루야마 마사오 전집 옆에는 공포 영화의 대가인 영화감독 다리오 아르젠토의 영화 DVD가 꽂혀 있고요. 솔직히 귀찮아서 그냥 툭하고 거기에 꽂아 뒀지만 무의식적으로는 어떤 '작위'가 작동했습니다. 하이데거부터 도라에몽까지, 마루야마 마사오부터 다리오 아르젠토까지 넓게 커버할 수 있는 관용적 지성의 소유자임을 알아 달라는 제 욕망이 거기에 노출되어 있는 것입니다. 책장에 어떤 책을 어떻게 꽂느냐 하는 문제에는 수행적인 목적이 동반됩니다. 저는 결코 산 순서대로 꽂아 둔다든지, 저자명을 알파벳순으로 분류해 꽂아 두지 않습니다. 만약 그런 기묘한 일을 하는 사람이 있다면 그 사람은 '책을 사서 순서대로 꽂는 특이한 사람으로 여겨 달라'는 욕망에 지배되고 있다고 봐도 크게 틀리지 않을 겁니다. '우리 집에는 손님이 오지 않아서 책장에 그런 무의식적 욕망 기제가 작동하지 않는다'고 항의하는 분이 있을지도 모르겠습니다. 그런데 그렇지 않습니다.

서가에 꽂힌 책의 겉표지를 가장 자주 보는 사람이 누구일까요? 나입니다. '나 자신이 어떤 사람으로 보이길 바라는가'를 내 눈으로 의식하는 것, 그것이야말로 우리의 최대 관심사입니다. 서가에 『3주 만에 영어 마스터하기』 『3개월 급속 다이어트』 『하루에 3분만 노력하면 당신도 부자가 될 수 있다』 등의 책이 가득 꽂혀 있다면 '나는 즉각적으로 효용을 실감하고 싶어 하는 인간이구나'를 알 수 있겠죠. 그런 인식이 자존감 함양에 도움이 되지는 않을 겁니다. 그러나 철학서나 세계문학전집이 쫙 꽂혀 있으면 일단 '그런 책을 읽는 사람이 되고 싶다'는 자신의 바람이 눈앞에 확실히 펼쳐집니다.

'독서 경력 사칭'이라는 지적 생활

좀 이상한 이야기이긴 합니다만, 책장은 학력 사칭과 유사하다고 느낍니다. 학력 사칭은 의외로 사례가 많지요. '그 대학에 합격했다' 같은 객관적 사실과 '그 대학에 지원했으면 합격했을 정도로 공부를 잘했다, 그날 감기만 걸리지 않았어도 합격했다, 부모가 수험료를 아까워하지 않았으면 합격했다' 등 '만약'이 개입된 사념이 주관적으로는 별로 차이가 없기 때문입니다. 들키면 사회적 지위를 잃고 실직할 위험이 있는데도 학력 사칭이 끊이질 않는 것은 '합격했을지도 모른다'와 '합격했다' 사이에 주관적 차이가 없으므로, 어느새 본인이 그 대학에 정말 합격한 느낌에 사로잡히기 때문입니다.

인간은 자신이 달성한 일에 관해 종종 '바람'과 '사실'을 혼동합니다. 똑같은 일이 책장에서도 일어나는 게 아닐까 합니다. 저도 자주 경험하는 일인데요. 우리 집에 와서 제 책장을 본 사람들은 제가 거기에 있는 책을 전부 읽었다고 생각합니다. 그리고 그 내용을 완전히 이해한다고 생각하죠. 설마 그럴 리가요.

솔직히 책장에 꽂힌 책 가운데 소설과 에세이는 얼추 다 읽었지만, 철학서의 8할은 읽지 않았습니다. 사실 펼친 적도 없습니다. 하지만 '언젠가는 읽어야지⋯⋯' 생각하면서 손을 뻗으면 닿는 곳에 꽂아 둡니다. '언제나 읽어서' 가까운 곳에 둔 것이 아닙니다. '언젠가는 읽어야겠다고 생각해서' 가까운 곳에 두고 스스로를 질타하는 겁니다. 그럼 사람들은 착각해 주지요. '아, 이런 어려운 책을 매일같이 읽는 사람이구나. 이 사람은⋯⋯' 하고요.

　'언젠가 읽을 예정인 책'이고 '읽을 마음이 들면 곧 읽지 못할 것도 없는 책'이므로 '읽은 책'이라고 말한들 반드시 거짓말은 아니다…… 이렇게 무심코 생각하고 맙니다. 말하자면 학력 사칭은 아니고 '독서 경력 사칭'이지요. 학력 사칭이 들킬 것 같으면서 쉽게 들키지 않는 것처럼 독서 경력 사칭도 쉽게 들키지 않습니다. "너 헤겔의 『대논리학』 읽었어?" "아, 그거 말이야. 옛날에 읽었는데 다 잊어버렸어. 하하하"라고 말하면 "사실 안 읽었어"라고 했을 때처럼 창피를 당하지 않습니다.

　애당초 '읽었지만 이해하지 못한 책'이나 '읽었지만 내용을 잊어버린 책'을 '읽은 책'으로 분류해도 괜찮은 것일까요? 답하기 어렵지요. '읽었지만 내용을 완전히 잊은 사람'과 '내용이 어떤지 어느 정도 알지만 아직 읽지 않은 사람' 중 어느 쪽이 그 책에 관해 잘 아는 걸까요? 아직 읽지 않은 사람이 책 내용을 두루 아는 일은 결코 드물지 않습니다. 영화를 본 게 분명한 저는 플롯도 배우 이름도 감독 이름도 아무것도 기억하지 못하는데 (취해서 보기 때문에 어쩔 수 없기도 하지만요) 영화를 보지 않은 사람이 그 영화의 플롯이나 영화사적 의의 등을 상세하게 아는 경우가 다반사입니다.

그러므로 책 또한 '읽었다'는 사실과 '언젠가 읽고 싶다'는 바람이 그다지 엄격하게 구별되지 않습니다. 책장은 우리의 바람을 담은 지적·미적 생활을 이미지로 나타냅니다. 책장이 우리의 이상적 자아라는 말은 그런 의미입니다.

여
성
을
보
내
는
일

집을 지을 때 건축가에게 부탁해 서재의 삼면에 천장까지 모두 책장으로 만들었습니다. "이렇게 하면 장서는 전부 수납할 수 있을 겁니다." 건축가인 고시마 유스케 씨가 자신 있게 말했는데 막상 책을 꽂아 보니 자리가 부족하더군요.*

대학을 퇴직할 때 연구실에 있던 일반서는 대부분 "자유롭게 가져가세요"라고 메모지를 붙여 복도에 내놓았습니다. 집에 돌아와 상자 50개 분량의 전문서도 반 정도는 도쿄의 도서관에 기증했습니다(다행히 친구가 관리자여서 "이미 있어서 필요 없는 책은 버려도 좋습니

---

* 건축가 고시마 유스케가 개풍관을 지은 이야기가 담긴 『모든 이의 집』(서해문집)이 출간되어 있다.

다"라는 부탁을 들어주었죠). 그래도 많이 남았습니다.

서가의 앞뒤 이중으로 책을 넣고 복층 계단 밑과 화장실 입구에도 서가를 만들었지만 그래도 책이 마루와 책상 위를 다 덮어 버립니다. 택배가 오면 책을 발로 차면서 계단을 내려가고, 손님이 오면 책 위에 쟁반을 얹어서 차를 대접합니다. 이 지경이다 보니 점점 책에 대한 경의가 사라져 가는 것을 스스로 알 수 있었습니다. 이렇게 책을 대하는 게 좋지 않다고 생각하면서도 어쩔 수가 없습니다.

예전에는 그렇지 않았습니다. 대학원에 다니고 조교를 했던 무렵에는 제 소유 서가를 둘러보는 일이 즐거웠습니다. 지금까지 읽어 온 책을 확인하고 앞으로 읽을 것이 분명한 책에 가볍게 인사를 합니다. 그런 자그마한 의례를 지키면서 서가와 마주했고 어떤 책이라도 3분이면 찾았습니다.

그런데 지금은 운이 좋지 않으면 책을 찾을 수 없습니다. '분명히 이 근방에 있었을 텐데……'라며 아무리 찾아도 보이지 않습니다. 그러다 보면 점점 화가 나고, 당장 급하게 찾아야 하는 내용이 든 책이면 너무 초조해져서 그만 인터넷 서점에서 사 버립니다. 그리고 조금 시간이 지나 생각지도 못한 곳에서 책을 발견하곤 아까워서 발을 동동 구릅니다.

때때로 집을 방문한 손님이 서가를 올려다보며 책이 도대체 몇 권이냐고 묻습니다. 저도 모릅니다. 만오천 권쯤 될까요? 더 될지도 모릅니다. 이어 많이들 묻지요. "이걸 전부 읽으셨어요?" 설마요. 서가에 있는 책 중 80~90퍼센트는 읽지 않았습니다. 그렇게 말하면 다들 놀랍니다. 지금 제 나이를 생각하면 지금까지 읽지 않은 책 대부분은 '죽을 때까지 읽지 않을 책'입니다. 죽을 때까지 읽지 않을 책 만여 권에 둘러싸여 생활하고 있는 겁니다.

왜 죽을 때까지 읽지도 않을 책에 둘러싸여 생활하고 있는 걸까요. 물론 '지적 장식'이라는 의미도 있죠. 서재에 온 손님이 '이런 책을 읽는 사람이구나'라고 생각해 주길 바라며 책을 비치하기도 합니다. 젊었을 때는 그랬으니 부정하지는 않겠습니다. 그때는 '언젠가 읽겠지' 같은 낙관적인 전망이 있었으니 완전히 거짓말이라고 할 수도 없고요.

지금은 다릅니다. 제가 읽지 않았고 읽을 일 없는 책의 겉표지를 매일 올려다보며 생활하는 것은 아마도 거기서 어떤 교육적 효과를 기대하기 때문이 아닐까요? 그 이야기를 좀 해 보겠습니다.

외국 영화를 보면 거대한 서가에 가죽 장정의 책들이 정연하게 꽂힌 응접실과 객실이 자주 등장하지요. 그런데 등장인물들이 그 큰 책을 끄집어내 탐독하는 장면은 영화에 나오지 않습니다(드물게 응접실에 홀로 남겨진 사람이 무료함을 달래기 위해 책등에 적힌 제목들을 읽는 장면은 있지만요). 그럼 그 책장은 도대체 무엇 때문에 있는 것일까요? 지적 장식품으로서의 효용은 별로 기대할 수 없을 겁니다. 응접실에 온 손님들은 자신이 방문한 인물이 책장에 꽂아 둔 책을 애독하는 사람인지 아닌지 정도는 대체로 알 테니까요.

그러면 왜 아무도 읽지 않는 책을 책장에 꽂아 두는 '쓸데없는 일'을 하는 것일까요? 그 일이 의무처럼 관념화된 게 아닌가 하는 것이 제 가설인데, 이유인즉 이렇습니다. 그 나름의 사회적 성공을 거두고 넓은 서재와 응접실을 갖춘 집에 살게 된 사람에게는 '자신이 읽지 않은 책에 둘러싸여 만년을 보낼 의무'가 부과된 것입니다. 그런 암묵적 규칙이 있을 겁니다. 자신이 읽지 않은 책은 '가시화된 자신의 무지'이기 때문이죠.

나이도 들고 어느 정도 사회적 위신을 얻은 사람은 그만 자기 평가가 물러집니다. 자신이 성공했다고 생각하면 겸허함이 사라집니다. 새로운 것을 배울 의욕도 감퇴합니다. 자신의 잘못을 인정하지 않게 되고 다른 사람 말에 귀를 기울이는 것도 귀찮아집니다. 이 모든 요소들이 합쳐져 '남들이 싫어하는 녀석'이 되고 맙니다. 이것은 구조적인 일이므로 피하기가 어렵습니다.

아마도 그 좋지 않은 점을 훈계하기 위해 문득 올려다본 곳에 읽은 적 없는 많은 책의 겉표지가 눈에 들어오는 '장치'가 고안된 것이 아닐까요. 읽지 않은 책은 우리에게 이렇게 고합니다. "너는 이 책을 읽지 않았다. 저자의 이름도 모른다. 이러한 지적·예술적 영역이 있는 것조차 모른다. 급기야 알지도 못한 채 죽을 것이다. 네 무지를 부끄러워해라."

서재란 읽고 싶은 책이 손닿는 곳에 꽂혀 있는, 편리한 '작업실'이 아닙니다. 그보다는 '침묵 사고'를 위한 공간입니다. 그렇다면 '벽을 뒤덮은 책장은 그 방의 주인에게 본인의 무지와 경험의 좁디좁음을 알려 주는 장치다'라는 생각은 충분히 합리적이지요.

옛사람은 그런 '스스로 일깨우기 위한 장치'가 인간

에게 필요했음을 경험적으로 알았던 것 같습니다. 요전에 배우 이시자카 고지가 유명한 탐정 캐릭터 긴다이치 코스케를 연기하는 이치가와 곤 감독의 시리즈 작품『옥문도』를 봤습니다. 거기에 긴다이치가 머릿병풍에 붙은 색지에 적힌 흘려 쓴 글자를 못 읽어 곤혹스러워하는 장면이 나옵니다. 그것은 세 딸들이 '죽임을 당하는 방식'을 제시한 바쇼芭蕉와 기카쿠其角의 시구였습니다. 흘려 쓴 글자를 읽을 수 있었다면 긴다이치 고스케는 살인 사건을 예견하고 막을 수 있었을지도 모릅니다. "당신은 저 글자를 읽을 수 없는가"라는 이발사의 말에 긴다이치는 놀랍니다.

　그 장면을 보면서 머릿병풍에 색지를 붙이는 전통의 숨겨진 교육적 기능에 생각이 미쳤습니다. 옛날 집에는 반드시 상인방 위에 가로로 긴 액자가 걸려 있고 도코노마에*는 족자가 내려와 있고 병풍에는 색지가 붙어 있었습니다. 그리고 대체로 거기에는 '읽을 수 없는 문자'가 쓰여 있었습니다. 그 집 사람에게 여기에는 무슨 글자가 쓰여 있냐고 물어야 했지요. 하지만 물음에 대답해 주는 이가 반드시 질문자와 같은 수준의 교양을 가진 사람은 아니었습니다. 오히려 대부분은 반대였다고 할 수

---

* 일본 건축물의 객실 정면에 설치하여 미술품 등을 장식하는 공간.

있지요. 때로는 복도를 기웃거리는 아이나 차를 가져다 주는 하인이 가르쳐 주었습니다. 문자 읽는 방식을 다른 사람이 가르쳐 준다는 것은 자신이 나름대로 교양을 갖췄다고 여겨 온 이에게는 굴욕적인 경험일 겁니다. 그런 굴욕을 체계적으로 맛봄으로써 자신의 무지를 알게 되는 교육적 장치가 아마 일본 문화 속에도 있었던 것 같습니다.

도서관은 세계 어디에나 존재하죠. 그 본질적인 기능 또한 거기를 찾는 사람에게 '무지'를 알려주는 데 있지 않을까 생각합니다. 도서관이 민영화되면 대출이 많은 책만 서가에 꽂히고 대출 실적이 없는 책은 '수요가 없는 책'이라는 이유로 폐기된다는 이야기를 들었습니다. 지금은 그런 행위가 합리적이라고 믿는 사람이 행정의 요직을 차지하고 있습니다. 그들은 도서관의 가장 중요한 역할이 방문자들의 지적 활동을 활성화하는 데 있음을 이해하지 못할 겁니다.

도서관의 본질적 기능은 책장 사이를 돌아다니는 사람들에게 자신이 읽은 적 없는 책, 읽을 일 없는 책에 압도당하는 체험을 선사하는 것입니다. 도서관을 찾을 때마다 우리는 자신이 이만큼이나 앎이 부족하다는 사실에 놀라게 됩니다. 이 놀라움이 도서관에 다니는 보람이죠.

　고대의 철인이 가르쳐 주듯이 모든 배움은 '무지의 자각'으로부터 출발합니다. 오로지 거기서밖에 시작할 수 없습니다. 자신이 얼마큼 모르는가를 아는 사람만이 배움으로 향합니다. '내가 무엇을 아는지'에 관한 목록을 빼곡히 만드는 것이 지적 활동이라고 생각하는 사람은 결국 배움과는 인연이 없습니다.

　새롭게 단장한 '옆집 마을 커피'는 벽이 모두 책장입니다. 히라카와 군이 장서를 이 카페로 옮겼습니다. 책이란 공공재라서 사유하는 것이 아니라는 그의 의견에 저도 동의합니다. 이곳을 찾는 사람 가운데는 그 책장에서 전부터 읽고 싶었던 책을 발견하는 사람도 있을 겁니다. 그러나 책장의 진짜 효용은 거기서 이름도 제목도 들어본 적 없는 책을 발견하는 데 있습니다. 거기서부터 외부의 청량한 바람이 불어오니까요.

위키피디아에는 '아침 독서'에 관해 이렇게 적혀 있더
군요.

아침 독서 운동은 초·중·고교에서 학생들에게 독서 습
관을 갖게 할 목적으로 수업 시작 전에 독서 시간을 갖
도록 만든 운동이다. 독서 시간은 10~15분 정도로, 학
생이 각자 지참한 책이나 학급 문고 중에서 고른 책을
읽는다. 이 운동에 맞추어 초등학생을 위해 짧은 시간
에 적은 분량을 읽고도 잘 이해하도록 편집한 '읽기 시
리즈'를 간행하는 출판사도 있다. 단체로 읽는 것이지

만, 게임에 과도하게 의존하는 아이들에게 독서하는 즐거움을 체험하게끔 돕는다.

'그래서 어쩌라고?' 하시는 분들도 있겠습니다. 저도 쭉 비슷한 태도로 이 운동에 무관심했거든요. 아침에 10분 정도 가까이 있는 책을 팔랑대는 정도로 '독서'가 될까 의심스러웠습니다. 그런데 발표된 논문 가운데 "아침 독서는 국어 공부가 아니다"라는 이야기와 "아침 독서를 하면 기억력이 향상된다고 알려져 있다"는 지적에 '삐삐삐' 하고 반응이 왔습니다. 아, 그렇단 말인가!

그러고 보면 제가 아침 독서의 효과를 제대로 이해할 수 없었던 것은 독서라는 말에 붙잡혀 있었기 때문입니다. 그것은 독'서'書가 아니라 독'자'字였던 겁니다.

저는 중증의 '활자 중독'인데, 이것은 반드시 '재미있는 책을 읽고 싶다'라는 의미가 아닙니다. 글자가 쓰여 있으면 무엇이든 좋은 것이지요. 실제로 기차 안에서 책을 다 읽으면 권말에 있는 카탈로그를 숙독하고 책 마지막 페이지에 저자명, 발행인, 발행 연월일, 정가 등을 인쇄한 판권 페이지를 읽고, 그것도 다 읽으면 기차 안 천장과 창문에 붙은 광고를 전부 읽습니다. 아무리 생각해도 독'서'는 아니죠. '글자 읽기' 자체를 격하게 욕망하는 것입니다.

작가 하시모토 마리 씨도 아이 때부터 심각한 활자 중독으로 집 안의 책을 다 읽고 어두운 이불 속에서도 계속 읽는 바람에 곧바로 근시가 되었다고 하죠.

급하게 우리 부모는 독서 금지령을 내렸지만, 해조류 등을 간장·미림 등으로 조린 식품 병에 붙은 라벨을 몇 번이나 핥듯이 반복해서 읽는 딸의 모습에 애처로움을 느껴서일까, 금지령은 어느샌가 흐지부지되었다. 식품 병에 붙은 라벨도 집중해서 읽으면 그것대로 꽤 재미있다.　　　　　　 —『마치바의 현대사상』街場の現代思想

맞습니다, 이겁니다.

읽을 책이 없어지면 식품 병의 라벨이든 감기약 효능 설명서든 뭐라도 '핥듯이 반복해서 읽는' 것이 활자 중독입니다. 확실히 내용은 부차적인 문제입니다. 아니, 별로 중요하지 않습니다. 중요한 것은 '문자를 읽는 행위' 자체입니다.

뇌의 일부가 읽는 행위에 수반되는 일종의 생화학

적 반응을 추구하고 있는 것이지요. 어떤 생화학적인 반응인지 모르겠지만 망막에 활자를 투사하도록 뇌가 요구합니다. 이 요구에 굴복해서 계속 활자를 뇌에 공급하면 우리는 정식으로 활자 중독 환자가 됩니다.

문자를 읽는 동작에는 두 가지 층위가 존재하는 듯합니다. 1층에서는 도상, 즉 그림 정보로서의 활자가 계속 입력됩니다. 도상이므로 의미 같은 것은 아무래도 상관없습니다. 애당초 시계열적으로 읽을 필요조차 없습니다. '읽는'다기보다는 '보는' 것이니까요.

이 1층에서 문자 정보는 그림으로서 단숨에 제공됩니다. 우리가 그림을 볼 때 먼저 전체를 두루 한번 보고 그 후 흥미가 가는 세부를 개별적으로 주시하는 것처럼, 문자 정보는 먼저 있는 그대로 제공됩니다. 그 뒤에 뇌 내에 입력된 이 문자 정보를 우리는 의미 수준에서(즉 시계열적으로) 처리합니다.

작가인 기타 모리오 씨가 토마스 만에 심취했을 무렵 센다이 거리를 걷다가 흠칫 멈춰 섰다고 하죠. 자기가 왜 흠칫했나 싶어 주위를 둘러보니 술집에 '토마토 소스'라는 간판이 걸려 있었다고 해요. '토마토 소스'에서 '토마스 만'을 읽어 내려면 문자 순서를 바꾸는 것뿐만 아니라 두 개의 '토' 가운데 하나는 읽는 걸 빠트리고 하나밖에 없는 '마'를 두 번 읽으며, '소'를 '스'로 잘못 읽고 마지막에 'ㄴ'을 추가하는 작업을 해야 합니다.

우리 뇌는 이만큼 품이 많이 가는 일을 한순간에 해 버립니다. 한순간에 거기까지 '밑작업'을 마친 뒤 이윽고 그것을 '읽는' 단계에 도달합니다. 독'자'字란 이 1층의 작업입니다.

이 시기 기타 모리오 또한 중증의 활자 중독에 아침부터 밤까지 문자 입력 작업을 계속한 나머지 그 능력이 어느 한계를 넘어섰다고 합니다. 이 한계를 넘으면 페이지를 펼치는 것만으로 '책·잡지·신문 따위를 폈을 때 마주 보는 좌우 양쪽 페이지의 모든 문자가 순간적으로 입력'되는 일이 가능해집니다. 한눈에 두 페이지를 읽어 내는 거지요. 그리고 한눈에 읽기를 마친 문자열을 시계열적으로 다시 읽는 형태로, 이른바 '독서'가 시작됩니다.

이는 제가 오즈 야스지로 감독의 『꽁치의 맛』을 볼 때의 감각에 가까운 듯합니다. 저는 이 영화의 거의 모든 장면을 기억하고 거의 모든 대사를 암기하고 있습니다. 그럼에도 그 '이미 본 영화' 상에 시계열적으로 영화가 펼쳐질 때면 반복해서 깊은 유열을 맛봅니다. 기억과 현실의 미세한 차이(장면 일부나 대사에 관한 작은 기억 오류 등)가 화음 같은 것을 빚어 냅니다.

우리는 페이지를 펼쳤을 때 이미 두 페이지 분량의 문자 정보 입력을 끝냅니다. 그다음 우리는 '이미 읽은 문장'을 '아직 읽지 않은 시늉을 하고' 다시 읽습니다. 그것은 타임머신을 타고 5분 전 세계로 거꾸로 돌아간 인간의 모습과 비슷합니다. 자신의 주위에서 일어난 일, 만나는 사람, 그 사람이 하는 말, 그 사람의 표정 등은 모두 '이미 아는' 일입니다.

세상일에는 순서가 있고 세계에는 질서가 있으므로 '이미 아는 것'을 하지 않고 지나갈 수는 없는 노릇이죠. 동료로부터 "좋은 아침!"이라는 인사를 들었을 때 '내가 5분 전에 상대에게 "좋은 아침!"이라고 답했으니 이번에는 패스할래'라고 할 수는 없는 노릇입니다. 5분 전에 자신이 한 그대로, 말한 그대로 다시 한번 반복해야 하죠. 이미 아는 것을 다시 한번 모르는 시늉을 하며 반복합니다. 거기에는 당연하지만 기시감과 '나는 앞으로 일어나는 일도 전부 알고 있다(다른 이들은 전혀 모르지만 말이야)' 같은 전능감이 발생합니다. 이 뭐라고 할 수 없는 기시감과 전능감이야말로 독서가 우리에게 제공하는 유열의 본질이 아닐까요.

　기시감이란 늘 말씀드리는 대로 숙명의 징조입니다. 우리가 숙명적인 사랑에 빠지는 것은 '나는 이전에 이 사람 옆에서 오래 친밀한 시간을 보낸 적이 있다'는 기시감에 사로잡히기 때문입니다. 그 사정은 무라카미 하루키가 「4월의 어느 맑은 아침에 100퍼센트의 여자를 만나는 것에 대하여」라는 단편소설에 이미 담은 바 있습니다. 기시감을 갖고 책을 읽을 때 우리는 '다름 아닌 지금 이 책을 읽을 것이 먼 옛날부터 숙명으로 정해져 있었다'는 감각에 사로잡히지요. 그것은 가장 행복한 독서 체험입니다. '문자 읽기'란 아마도 그런 것일 겁니다.

　그래서 어느 날 행복한 독서를 경험하려면 조미료 병 라벨을 핥듯이 읽는 독'자'字의 시간이 필요합니다. 아침 독서 운동이란 그 희한한 감각에 정통한 누군가가 생각해 낸 것이 틀림없습니다. 조미료 병 라벨이든 감기약 효능 설명서든 매일 아침 10분간 핥듯이 바라보면 아침 독서와 똑같은 효과가 나오리란 것을 어떤 과학자 선생님이 실험해 주지 않을까요?

3장 : 출판에 관하여

책을 읽고 싶어 하는 사람은 줄지 않았다

최근에는 신문의 발행 부수도 TV의 시청자 수도 계속 떨어지고 있는데요. 과연 출판은 어떻게 될까요?

출판 위기에 관한 데이터는 몇 있지만 사회적인 조사를 하려는 것이 아니니 숫자를 나열하는 일은 하지 않겠습니다. 일단 대략적인 흐름만 파악하면 될 것 같습니다.

단행본의 경우 출판 종수는 증가하고 있지만 매출은 줄고 있습니다. 잡지는 발행 부수 축소로 광고가 줄어든 바람에 계속 폐간으로 내몰리고 있습니다. 큰 출판사는 다들 재무 상황이 좋지 않고, 편집자들은 정리 해고를 당하고 있습니다. 이 정도만 보아도 전망이 꽤 비관적임을 알 수 있습니다.

단 주의해야 할 것은 이 비관적인 출판 데이터가 반드시 '책을 읽고 싶은 사람'이 줄어든다는 의미는 아니라는 점입니다. 책을 읽고 싶은 것은 인간의 욕망이고, 사람 머릿속 일은 바깥에서 알 수 없기 때문입니다. '책을 무척 읽고 싶은데 읽을 책이 보이지 않는다'일지도 모릅니다. 혹은 '읽고 싶은 책은 많이 있지만 살 돈이 없다'일지도 모르지요. 알 수 없는 일입니다.

우리가 알 수 있는 것은 실제로 팔리는 권수가 줄고 있다는 것뿐입니다. 그리고 '실제로 팔리는 권수'라는 것이 어떤 사회적 의미를 가지는지 우리는 사실 잘 모릅니다. 그러므로 출판 위기에 관해서 논할 때는 쉽게 절망적인 언사를 남용하거나 안이한 '해결법'을 찾기보다는 도대체 지금 무슨 일이 일어나고 있는지, 즉 우리가 실은 잘 모른다는 '무지의 자각'에서 출발해야 합니다.

애당초 '책이 팔리지 않게 되었다'는 것은 정말일까요? 저는 그런 말을 들어도 확 실감하기 어렵습니다. 저는 옛날부터 비교적 책을 많이 사는 사람에 속했고 지금도 매월 10만 엔 정도 책을 구입하는 데 씁니다(인문 계열 학자로서는 적은 편에 속합니다). 글을 쓰는 사람으로서도 '팔리지 않는다'고 실감하지 않습니다. 제가 제일 처음으로 세상에 내놓은 책은 영화평론가 마쓰시타 마사키 군과 함께 쓴 『영화는 죽었다』라는 영화론으로, 자비로 출판하여 초판을 천 부 정도 찍었습니다. 그다음 책인 『현대사상의 퍼포먼스』도 영문학자인 나바에 가즈히데 선생과의 공저로, 이것도 역시 출판 비용의 반을 저희 두 사람이 부담했습니다. 그다음에 나온 책들은 다행히 출판사가 비용을 부담해 주어서 저의 부담은 없어졌습니다.

그러므로 "요즘 사람들은 책을 읽지 않는다"(예컨대 스마트폰만 보고 있으니까)라는 일반론에는 쉽게 "그렇군요" 하고 고개를 끄덕일 수가 없습니다. 여하튼 저는 '독자 제로'의 작가로 출발해 한 명 한 명 독자를 쌓아 왔으니까요. 이런 일은 어느 시대에든 가능하리라는 것이 저의 실천적인 경험칙입니다.

지적 쇠퇴는 일어나지 않았다

이와 똑같은 이야기를 무라카미 하루키 씨와 시바타 모토유키 씨의 대담에서도 들을 수 있습니다.

"좋은 소설이 팔리지 않는 게 독자의 질이 떨어졌기 때문이라고들 말하는데요. 인간의 '지성의 질'이란 그렇게 쉽게 떨어지지 않습니다. 단지 시대에 따라 방향이 분산되는 것뿐입니다. 이 시대 사람들은 전부 바보였지만 저 시대 사람들은 전부 똑똑하다든지 하는 일은 있을 수 없습니다. 지성의 총량은 똑같습니다. 다만 그것이 여러 곳에 분산되어 있어서 어쩌다 보니 지금은 소설이 팔리지 않는 것뿐입니다. 자, 그렇다면 수로를 만들어서 그들을 오게 하면 되는 거죠."

무라카미 씨의 말 중 '소설'을 '책 일반'으로 확장해 생각할 수 있다고 봅니다. 책이 팔리지 않게 된 것은 독자의 지성의 총량에 대한 경의가 부족한 탓이 아닐까요?

지금까지 출판 위기에 관한 다양한 논의를 읽어 왔습니다. 그 모든 논의에 독자에 대한 경의가 공통적으로 결여돼 있습니다. 솔직히 말해서 그렇습니다. 이것은 출판만 그런 것이 아니라 모든 '위기론'의 화법에서 드러납니다.

많은 사람이 출판 위기의 원인을 자연스럽게 독자의 책임으로 돌립니다. '젊은 사람의 문해력이 저하해서', '학교 교육이 실패해 지적으로 쇠퇴해서', '스마트폰과 전자책 등 전자 기기로 돌아섰으니까' 등의 설명 기저에 흐르는 것은 독자는 '가능한 한 싸고 입맛에 맞고 지적 부하가 적고 자극적인 오락을 추구하는 존재'라는 선입관입니다. 즉 '독자란 소비자'라는 발상입니다.

출판은 내부에서 무너진다

확실히 독자가 소비자라고 하면 이야기는 그렇게 됩니다. 당연합니다. 소비자란 가능한 한 적은 대가로 가능한 한 많은 오락과 편리함과 유용함을 요구하기 마련입니다. 출판 비즈니스에 대해 말하면서 많은 이들이 값을 후려쳐서 사려고 하는 소비자와 비싸게 팔려고 하는 판매자 사이의 제로섬 게임 같은 협상을 모델로 내세웁니다.

그들의 말을 그대로 흉내 내서 말해 보면 지금의 출판 위기는 요컨대 구매자의 상품을 선택하는 눈이 퇴화한 데다 사람들이 많이 몰리는 경쟁 상품과 서비스가 많이 팔린 덕분(?)에 구매자의 지갑이 닫힌 데서 비롯된 겁니다.

다들 태연하게 이런 상거래 용어로 출판을 말합니다. 그리고 '지갑이 닫힌 것'은 경기가 나빠서이고 '상품을 선택하는 눈'이 쇠퇴한 것은 독자가 자기 자신을 갈고 닦길 게을리해서이고 '경쟁 상품'에 사람이 몰리는 건 컴퓨터 기술의 발전 때문이라고 말입니다.

여하튼 출판 위기를 전부 출판 외적인 요인으로 설명하고 맙니다. 이러한 설명을 출판업계가 스스로 받아들이는 한 출판 위기는 멈추지 않을 것입니다. 물론 금융 위기도 일본인의 지적 쇠퇴도 구글과 애플의 신제품 공세도 출판인들이 어쩔 수 있는 문제가 아니지요. 그러나 '그것이 원인이 되어 책이 팔리지 않는다'는 설명을 출판인이 인정하면 거기서부터 도출되는 실천적인 결론은 '나에게는 책임이 없다' 그래서 '아무것도 하지 않는다' 뿐입니다.

출판을 비즈니스 모델에 기초해서 생각하는 한, 출판 위기에 관한 결론은 '주도권을 조금씩 잃으면서 망해

간다' 정도로 귀결됩니다. 쿨한 출판인 중에는 "그래도 어쩔 수 없지 않나?"라며 심드렁해하는 사람이 있을지도 모르겠습니다. 출판으로 먹고사는 당사자가 "출판은 이제 끝이다"라고 중얼거리면 좀 멋있어 보일 수 있겠죠.

저는 현재 상황을 이러한 구도, 즉 지성의 부재(혹은 부족)라는 구도로만 파악하는 사고방식이 실은 출판 위기를 만드는 것 아닌가 생각합니다. "독자는 소비자다. 그러므로 가능한 한 싸고, 가능한 한 입맛에 맞고, 가능한 한 지적 부하가 적고 자극적인 오락을 추구한다." 이렇게 독자를 내려다보는 관점 자체가 최근 출판 위기의 본질적 원인이 아닐까요. 이 사고 회로에 관해 조금 천천히 설명을 드리고자 합니다. 전자책부터 이야기해 볼까요.

전자책의 진정한 우위성

전자책이 종이책보다 우위를 점할 듯한 기세입니다. 전자책의 우위를 말하는 사람들은 대부분 그것이 비즈니스 모델로 훌륭하기 때문이라는 이유를 듭니다. '종이책보다 싸다', '접근성이 좋다', '들고 다니기 편하다', '수납 공간을 차지하지 않는다' 등. 하지만 이는 사태의 한 면만 본 의견입니다.

전자책 최대의 장점은 종이책 사업에서는 이익이 나지 않는 책을 다시 독자들이 읽을 수 있는 상태로 부활시킬 수 있다는 점입니다. '절판본', '희귀본', '소장된 도서관까지 직접 가지 않으면 열람할 수 없는 책', '종이가 너무 낡아 버려 일반 독자에게는 열람이 허용되지 않았던 책' 등. 전자책은 '독자가 읽고 싶어도 읽기 어려웠던 책'에 대한 접근성을 비약적으로 높였습니다.

독자들이 그런 책들에 접근하기 어려웠던 가장 큰 이유는 '출판을 해도 팔리지 않는다'는 판단 때문입니다. 예상 독자가 일정 수를 넘지 않으면 책은 출판되지 않습니다. 기존의 비즈니스 모델에 기초해 생각하면 지극히 옳은 판단입니다. 이에 불만을 갖는 사람은 없었습니다. '예상 독자 수가 손익 분기점에 미달하는 한 그 수는 존재하지 않는 걸로 친다'는 룰을 우리는 쭉 잠자코 받아들여 왔지요.

그런데 전자책 서비스는 아직 존재하지 않는 독자도 독자로서 인지해 편의를 배려할 수 있습니다. 언젠가 읽고 싶어 하는 사람이 나왔을 때 곧바로 접속해 열람할 수 있는 시스템인 거죠. 지금까지 독자로 인지되지 않았던 사람들을 독자로 인지한 것. 그것이야말로 전자책의 최대 공적이라고 저는 생각합니다. 물론 그것은 언젠가 거대한 이익을 가져다주어야 할, 정밀한 계산 위에 세워진 계획이겠지만 말입니다.

거기에는 확실히 독자에 대한 경의가 있습니다. 이렇게 말해 죄송하지만 이 태도는 출판 종수를 갖추려 아무 내용이 없다는 것을 알면서도 계속 신간을 내고 세대를 넘어 계속 읽혀야 할 책은 딱 잘라 절판시키는 일부 출판사의 자세와 대비됩니다.

불모의 저작권 논쟁

전자책과 종이책의 가장 큰 차이는 전자책은 독자가 책을 읽는 것으로 얻는 이익을 그 외 관계자들의 이익보다 우선시한다는 점입니다. 반대로 말하면 전통적인 출판 비즈니스 모델을 사수하려는 사람들은 작가와 출판사가 얻는 사적 이익을 독자가 세계에 가져다줄 공적 이익보다 우선시합니다. 저작권에 관한 최근의 논쟁에 그 점이 드러나 있습니다. 이 논의에 관해 지금까지 몇 번이나 글을 썼지만, 이 기회에 다시 한번 저의 주장을 밝혀 두고자 합니다. 먼저 전자책 도서관이 가져올 '손해'에 관해 쓴 대표적인 주장을 한 가지 소개하겠습니다.

신간 도서가 디지털 아카이브화되어 그 데이터를 인터넷으로 송신해 각 가정의 디지털 기기로 볼 수 있으면 책을 살 필요가 완전히 없어지게 될 것이다. 매우 편리한 시대가 되었다는 느낌이 든다. 하지만 그러면 '문필가는 어디서 수입을 얻느냐' 하는 큰 문제가 발생한다. 종이책 인세로 생계를 유지한다는 기존의 사고방식을 근저부터 바꾸어야 하는 시대가 곧 눈앞에 다가올지도 모른다.

확실히 그렇지요. '기존의 관점을 근저부터 바꾸어야 하는 시대가 눈앞에 닥쳐 왔다'고는 저도 생각합니다. 다리가 놓이면 나룻배가 필요치 않은 것처럼 기술의 발전은 그 대가로 반드시 '그때까지 존재했던 일'을 빼앗습니다. '종이책 인세만으로 생계를 유지하는' 삶의 방식은 앞으로 꽤 어려워질 것입니다(지금도 충분히 어렵지만). 압도적인 편리성을 제공하는 기술을 도입하는 대가로 받아들여야 하리라고 생각합니다.

집필로 생계를 유지하지 못하는 사람은 다른 일을 찾을 수밖에 없습니다. 그렇다 해도 종이책 인세만으로 생계를 유지하는 것은 '어려워질' 뿐 결코 '불가능한 것'은 아닙니다. 이런 이야기를 쓰니 곧 다음과 같은 비판이 나왔습니다.

대학 연구자 가운데 저작권 그 자체에 대한 의식이 희박한 사람들이 많은 것도 문제를 키우는 한 원인이다. 대학교수 같은 연구자는 학교에서 월급과 연구비를 받고 있으니 그것만으로도 생활과 연구를 이어 갈 수 있다. 가끔 책을 내더라도 거기서 이익을 얻는 것이 아니고 많은 사람이 읽어 주면 그것만으로도 기쁘다는 생각뿐이다. 다른 연구자가 인용하거나 언급해 주면 그것이 연구자로서의 실적도 되므로 자신의 저작과 논문을 인터넷에서 검색할 수 있는 상황을 환영한다.

제 이야기가 아닌가 싶은 지적입니다만 저는 결코 저작권에 대한 의식이 희박한 사람이 아닙니다. 오히려 민감한 편이죠. 그래서 저작권 관리를 협회에 맡기지 않고 제가 직접 합니다.

아시겠지만 저는 인터넷에 공개한 저의 텍스트에 관해서는 '저작권 포기'를 선언했습니다. 인용도 복제도 자유입니다. 제 글을 사용할 때 저에게 허락 같은 것은 얻을 필요가 없습니다. 제가 쓴 것을 그대로 복사해 이름을 바꿔 발표해도 괜찮다고까지 말했습니다(아직 시도한 사람은 없지만요).

왜냐하면 저에게 '쓰는 일'의 목적은 생계 유지가 아니라 제 생각과 느낌을 조금이라도 더 널리 공유하는 것이기 때문입니다. 만약 내가 쓴 글에 세계의 성립 과정과 인간 존재에 관해 건져 올릴 만한 생각이 조금이라도 담겨 있다면, 가능하면 많은 사람과 공유하고 싶습니다.

저와 의견을 같이하는 사람이 많다는 건 고마운 일입니다. 제가 "이 글은 내 글이다"라며 저작권을 주장하고 함부로 사용하지 말라고 말하는 것은 도리에 어긋난 일이겠지요.

저에게는 말하고 싶은 것이 있고, 그것을 조금이라

도 많은 사람에게 전하고 싶습니다. 이 기본 자세는 등사판에 연필로 개인적인 글을 써서 집에서 인쇄하고 자비로 친구들에게 배포했던 중학생 시절부터 바뀌지 않았습니다. 기술은 진화했지만 블로그 일기를 쓰거나 트위터에 단문을 쓸 때의 마음은 그때 그대로입니다.

제게 글을 쓰는 동기는 무엇보다도 '한 사람이라도 더 읽어 주기를 바라서'입니다. 그것을 두고 '세상 물정을 모른다'고 말하면 곤란합니다. 글을 쓰는 사람이 글로 안정적인 생계를 꾸리고 싶다면 일단 해야 할 일은 한 사람도 놓치지 않는 과금 시스템을 만드는 것이 아니라 한 사람이라도 더 독자를 만드는 일입니다.

저작권에 관한 원론적인 질문

생전에는 제대로 평가받지 못해 실의에 빠졌던 작가가 사후에 높은 평가를 얻는 경우가 더러 있지요. 생전에 가난과 무명을 견딜 수밖에 없었던 작가와 사후에라도 유명해져 그의 가족들이 경제적으로 윤택해지는 것은 세상 인정으로 보면 참 좋은 이야기입니다.

문예가 협회의 미타 마사히로 부이사장은 작가는 격려를 받고 일하는 존재이므로 저작권 보호 기간이 길수록 작품을 만들어 내는 동력이 강해진다고 주장했습니다. 그는 "일본은 저작권 보호 기간이 오십 년인데, 이 기간은 너무 짧다. 왜냐하면 작가의 부인이 살아 있는데 보호 기간이 끝나버리는 사례가 적지 않기 때문이다. 자녀가 어리다면 더욱 문제다"라고 말하더군요. 이 문장을 읽고 잠시 생각에 잠겼습니다. 미묘하게 핀트가 어긋났다는 느낌이 들었기 때문입니다.

우선 작가란 성별이나 연령이나 부양가족 유무와는 상관없는 직업입니다. 오히려 이런 직업의 한계를 두지 않았기 때문에 지금까지 창조성과 생산성을 담보한 것은 아닌가요. 보편적인 작가상을 한정함으로써 문학이 무엇을 얻고 무엇을 잃게 될 것인지, 멈춰 서서 한번 생각해 보면 좋겠습니다.

그다음은 조금 더 근본적인 이야기가 되겠는데, 작품의 관리권이 저작권자와 그 가족에게 배타적으로 귀속되어야 한다는 의견에 저는 사실 강한 거부감을 느낍니다. 논어에 '술이부작'述而不作이라는 말이 있는데요. 직역하면 '나는 짓지 않았고 전달할 뿐이다'인데, '나는 선현이 이미 말한 것을 토대로 다시 말하는 것에 지나지 않으며, 여기에 나의 독창적인 식견은 포함되지 않는다'는 선언입니다. 지금으로부터 2500년 전 공자가 그렇게 말한 이후 근대에 이르기까지 작가들은 자신의 작품은 자기가 만든 것이 아니라 이전 세대에서 계승해 다음 세대에게 선물하는 것으로 생각해 왔지요. 이러한 인식이 아마 예술사에서는 보편적인 생각일 것입니다. 작품은 작가가 완전히 처음 만들어 낸 것이기 때문에 그것을 관리할 권리도, 그것에서 발생하는 이익을 독점할 권리도, 의미를 최종적으로 확정할 권리도 모두 작가에게 귀속된다는 발상이 지배하게 된 것은 아주 최근의 일이고요.

확실히 이런 생각이 현재 사실상의 표준de facto standard이기는 하지만, 롤랑 바르트처럼 "작가는 죽었다"라고 선언하며 저작권 개념은 근대의 환상에 지나지 않는다고 단호히 말하는 사람도 있긴 합니다. 그래도 "작가는 그 작품에 관한 권리를 어디까지 청구할 수 있는가?"와 같은 원론적인 물음에는 아직 결론이 나지 않았지만요.

이럴 때마다 저는 '퍼블릭 도메인'public domain을 중요하게 이야기하는 편입니다. 어떤 작품이 인간과 세계가 어떻게 성립하는지에 관한 유익한 정보나 미적 가치를 담고 있고 이를 통해 많은 사람들을 격려하고 치유한다 해서 그 작품의 복제와 배포에 경제적인 이익을 독점하고 싶다는 개인적 이유로 저작권자가 제약을 두는 것이 제 눈에는 다소 꼴사납게 비치거든요. 물론 이 사안은 개인의 호오에 불과하므로 이 생각이 '정답'이라고 강요할 생각은 없습니다.

'가능한 한 많은 사람이 작품을 통해 기쁨을 누릴 수 있는 것'과 '가능한 한 오랜 기간 작가의 권리를 보호하는 것'. 어느 쪽을 우선해야 하는지 '정답'은 존재하지 않습니다. 그러나 '정답'이 없는 곤란한 문제를 깊이 생각하는 일은 종종 '정답'에 다다르는 것 이상의 지적 이익을 우리에게 가져다줍니다.

제가 쓴 글이 종종 입학 시험 문제로 채택되곤 합니다. 입시 학원에서 매년 '현대문학 빈출 작가 리스트'를 발표하는데, 거기에 여러 해 전부터 순위에 올라 있습니다. 왜 제가 쓴 글이 입시에 사용되는 걸까요? "우치다가 쓴 것은 아무리 갖다 써도 저작권자에게서 불평이 나오지 않는다"는 인식이 수험 관계자들 사이에 널리 퍼져 있기 때문입니다.

입시 문제를 만들 때 저작권에 관해 엄격한 사용 조건을 부과하는 저작권자보다 불만을 표하지 않는 저작권자의 저작을 사용하기가 수월하다는 건 당연한 말이겠죠. 저작권자에 따라 텍스트 변경을 허용하지 않는 사람도 있습니다. 그런데 입시 문제라 글의 한자를 히라가나로 표기하거나 접속사를 빼거나 선이 그어지기도 합니다. 문제를 만드는 일이니 어쩔 수가 없습니다. 그런 것을 싫어해 거부하는 작가도 있죠. "내 작품은 전문을 원래 있는 그대로 감상하길 바란다" 혹은 "일부를 빼거나 마음대로 손을 대지 않았으면 좋겠다"면서요. 그런데 저는 그런 요구를 하지 않습니다. 입시 문제로 채택된다는 것은 수험생들이 제 문장을 수십 분 동안 눈빛으로 종이를 뚫듯 온 신경을 집중해 읽고 '이 글에서 작가는 무엇을 말하고 싶은가?'에 관해 고심해야 한다는 뜻입니다. 그렇게 진지하게 제가 쓴 것을 읽어 주는 독자는 무척 드뭅니다. 솔직히 고마운 일입니다. 이른바 제가 쓴 책의 '예고편'을 무료로 입시 학원과 대학에서 배포해 주는 셈이니 제가 답례를 해야 한다고 생각할 정도입니다.

제가 이런 태도를 취한다는 사실이 교육계에는 이미 널리 알려진 것 같습니다. 그 결과 제 글을 입시 학원 모의고사 문제지에서 처음 읽었다고 이야기한 독자를 지금까지 꽤 많이 만났습니다. 교과서와 모의고사 문제로 만난 뒤 서점에 들러 저의 책을 구입한 것이죠. 모의

고사에 출제된 제 글이 실제 '예고편'으로 기능하는 것입니다.

　프로 작가임을 자부하는 사람이 '입시 학원에서 내 작품을 언급해 봤자 한 푼도 남지 않는다'고 말하는 것은 솔직히 말해 생각이 짧다고 보여집니다. 다만 착각해서는 안 되는 것은, 제가 "모든 사람이 쓴 글에 값을 매기면 안 된다"라든지 "모든 책은 공공 자료로 무상 제공하라" 같은 원리주의적 주장을 하는 게 아니라는 점입니다. 글을 써도 전혀 돈이 되지 않아 전업 작가라는 직업이 성립하지 않는다면 가장 곤란한 것은 사실 독자일 겁니다. 훌륭한 작가가 쓰는 일에 전념해 질 높은 작품을 계속 제공할 수 있는 출판 환경을 누구보다도 독자의 이익을 위해 꼭 확보해야 합니다. 이를 위해 책이 상품으로 거래되는 시장이 필요하다는 것은 물론 잘 이해할 수 있습니다.

　그러나 문제는 많은 사람이 책을 상품이라고, 출판을 상거래라고 굳게 믿고 있다는 것입니다. 몇 번이나 말하지만 원리적으로 책은 상품이 아니고 출판 사업은 돈벌이가 아닙니다. 저는 이상론이나 아름다운 이야기를 하는 것이 아니라 '근본적으로' 생각하면 그렇다는 겁니다.

책이 상품이라는 외피를 두르고 시장을 오가는 것은 그렇게 하는 것이 그렇지 않은 경우보다 텍스트의 질이 올라가서 쓰는 사람과 읽는 사람 양쪽의 이익이 증대할 확률이 높기 때문입니다. 그것이 이유의 전부입니다. 책이 본래 상품이기 때문이 아닙니다. 상품인 것처럼 유통하는 것이 그렇지 않은 경우보다 '좋은 일'이 많아서 상품인 듯한 가상을 보이는 것에 지나지 않습니다. 그 말은 곧, 만약 책이 오로지 상품으로만 유통되느라 '좋은 일'을 해치고 '좋지 않은 일'이 일어난다면 상품으로서의 가상을 버리는 선택지가 검토되어도 좋다는 뜻입니다.

창작자와 유리된 저작권

책이라는 상품이 가져다주는 이익은 일부가 저자에게, 일부가 출판사·도매상·서점에 분배됩니다. 저자가 받는 이익은 '저작권료'라는 형태를 취하며, 이것은 일종의 재물로 간주됩니다. 그래서 작가 본인 사후에는 유산으로 가족이 물려받습니다.

저는 저작권을 재물로 간주하는 일에 강한 위화감

을 느낍니다. 저작권 자체는 재물이 아닙니다. 그로부터 '즐거움을 누렸다'고 생각한 사람이 있고 그 사람이 받은 쾌락에 대해 '감사와 경의를 표하고 싶다'고 여길 때 비로소 그것은 권리로서 실증적인 가치를 갖게 됩니다. 따라서 저작권이라는 것은 홀로 존재하는 것이 아닙니다. 저는 그렇게 생각합니다. 이런 생각은 압도적인 소수 의견이지요.

조지 A. 로메로라는 영화감독을 아십니까?『살아 있는 시체들의 밤』을 만든 좀비 영화의 거목이자 장르 자체를 만들어 낸 사람입니다. 그의 좀비 영화 초기 4부작은 역사적 명작이죠. 영화 팬이라면 누구라도 로메로가 감독한 시리즈의 최신작을 보고 싶어 합니다. 그런데 저작권이 타인에게 있어 로메로는 자신의 작품의 속편을 찍을 수가 없습니다. 그 영화의 제작에 참여한 것도 아니고 아이디어를 낸 것도 아닌 이가 저작권만 사들여서 초기 작품의 DVD와 TV 방영으로 수익을 올리고 있습니다. 아마도 이 저작권 소유주는 로메로가 시리즈의 신작을 발표하면 기존 작품은 시장가치가 내려가리라 생각하겠죠. 신작이 나오지 않으면 구작은 '마니아가 몹시 탐내는' 상품으로 계속 고가에 팔리니까요. 이상하지 않습니까? 제게는 무척 이상합니다. 저작권은 부동산과 주식처럼 매매되는 재물이 아닙니다. 원래의 저작권자가 자금난으로 허덕일 때를 틈타 값을 후려쳐 구입한 뒤 영리하게 운용해서 돈을 벌어도 될 종류의 것이 아니죠. 비치 보이스의 초기 악곡은 거의 모두 브라이언 윌슨의 작품인데, 윌슨 형제의 매니저였던 아버지는 1969년에 그의 전곡을 관리하던 음반사를 70만 달러에 매각했습니다. 그 소식에 브라이언은 깊은 충격을 받았습니다. 브라이언은 자서전에 다음과 같이 썼습니다.

"70만 달러? 곡을 공짜로 건넨 것이나 다름없는 일이다. 현재 그 곡들은 2천만 달러 이상의 가치를 지녔다고 평가받고 있다. 그러나 나에게 그 곡들은 돈으로 살 수 있는 종류의 것이 아니었다. 나의 자식이었다. 나의 육체였다. 혼이었다. 그리고 지금 그것은 더 이상 내 것이 아니다."

이 사건으로 브라이언 윌슨은 정신이 피폐해져 오랫동안 정체기를 겪었습니다. 브라이언 윌슨의 작품과 조지 A. 로메로의 작품을 어떻게 평가하는가는 사람마다 각양각색입니다. 저처럼 신격화하는 팬도 있고 그렇지 않은 사람도 있습니다. 어쩔 수 없는 일이지요. 그래도 한 명의 팬으로서 하고 싶은 말이 있습니다. 저작권이란 어떤 일이 있어도 창작자의 창작 의욕을 훼손하는 방식으로 운용되어서는 안 된다는 것입니다. 우리는 이미 브라이언 윌슨이 전성기에 만들어 냈을지도 모를 악곡을 잃었고 로메로가 찍었을지도 모를 『살아 있는 시체들의 밤』 2편을 잃었습니다. 저는 이것을 당연하다고 생각하지 않습니다.

브라이언 윌슨이 말하듯이 그의 작품은 그의 '자식'이고 '육체'이고 '혼'이었습니다. 그것은 돈으로 사고 파는 종류의 것이 아니라는 윌슨의 말을 저는 무겁게 받아들입니다.

작품은 창작자에게서 그것을 누리는 사람으로, 그 무르고 약한 감촉과 따뜻함과 전율을 담아서 직접 전해져야 합니다.

독자가 '도둑' 취급을 받을 때

비즈니스가 창작 활동과 관계를 맺는 이유는 비즈니스가 관여해야 창작자에게 '하고 싶은 마음'을 북돋워 줄수 있고, 그러면 청취자와 관객과 독자가 누릴 수 있는 즐거움이 커지기 때문입니다. 그러므로 역으로 비즈니스가 관여하는 바람에 창작자가 자유를 잃고 영감이 고갈되며 팬이 작품을 누릴 기회가 상실된다면 비즈니스는 창작에 관여해서는 안 됩니다. 이것이 저작권 논의가 출발해야 할 기본 원칙입니다.

물론 지금 일본에서 문제가 되는 경우가 앞의 예처럼 폭력적이지는 않으나, '저작권'이라는 말이 언제나 창작자의 의욕을 높이고 작품을 누리는 사람들의 만족도를 높이려 입에 오르내리지는 않지요. 솔직히 말해 많은 인세 수입을 보장해 창작자의 의욕을 높이는 데는 기여해도, 독자와 청중의 편의와 만족에는 부차적으로만 기여할 뿐입니다.

이것은 우선순위가 바뀐 것이 아닌가 생각합니다. 저작권이란 확실히 가치 있는 것이지만 거기에 가치를 부여하는 것은 독자와 관객과 청중입니다. 종이와 CD와 전자 패널과 필름 그 자체에 가치가 내재된 것은 아니니까요. 책에 한해 말하자면 '독자는 없지만 가치 있는 책' 같은 건 없습니다. 책은 읽는 사람이 없으면 가치가 없습니다. 그런데 저작권에 관해서 논하는 많은 사람이 문제로 삼는 것은 '책을 읽는 사람'이 아니라 '책을 사는 사람'입니다. 독자가 아니라 구매자가 문제인 거죠.

작가협회가 이전에 "도서관은 신간을 많이 구입하지 말아 달라"고 요구한 적이 있습니다. 도서관이 신간을 사 넣으면 이용자는 책을 사지 않고 도서관에서 공짜로 읽으려고 한다, 책 한 권을 100명이 돌려 읽으면 잠재적으로 99명의 독자를 잃게 된다, 그것은 '문제가 없었다면 저작권자가 벌 수 있었던 이익'이 된다는 논리였습니다.

도서관에 신간을 넣는 것에 반대하는 사람은 '자신의 책을 읽는 사람'보다 '자신의 책을 사는 사람'에게 관심이 있다고 봅니다. 그러니 '무료로 자신의 책을 읽는 사람'이 자신의 고유한 재물을 훔치는 듯 보이는 거죠. 그 생각은 제게 꽤 도착적인 생각으로 느껴집니다. 만약 그 논리를 허용하면 '읽고 싶다(그런데 돈을 지불할 수 없다)'는 사람보다 '돈을 지불한다(그런데 읽을 마음은 없다)'는 사람을 우선으로 배려해야 하기 때문입니다. 이 논리를 인정하면 "당신이 저작권을 가진 책을 전부 정가로 사들여서 폐기하고 싶다(아무도 읽게 하고 싶지 않으니까)"라는 요구를 받으면 거절할 논리가 없어집니다. 이러한 제안을 물리치려면 '책을 사는 사람'이 아니라 '책을 읽는 사람'을 위해서 책을 쓴다고 바로 그 자리에서 단언할 수 있어야 합니다.

이 제안을 앞에 두고 잠시라도 주저하는 사람은 글을 쓸 자격이 없습니다. 적어도 저는 그런 사람을 작가라고 인정하지 않을 겁니다. 책을 쓰는 일이란 그 본질이 '증여'라고 생각하기 때문입니다. '독자에 대한 선물'이라고 말이죠. 그리고 모든 선물이 그렇듯 그것을 받아들고 "고맙다"고 말하는 사람이 나올 때까지 그것에 얼마큼의 가치가 있는지는 아무도 모릅니다. 그 책을 자신이 받은 '선물'이라고 생각하는 사람이 나타나 "고맙다"는 말을 입에 담을 때에야 비로소 그 작품에 '가치'가 내재되어 있었다는 이야기가 성립됩니다. 그 작품으로 은혜를 입었다고 자발적으로 선언하는 사람이 나올 때에야 비로소 그 작품에 입을 만한 가치가 있는 은혜가 포함되었던 게 되지, 처음부터 작품에 가치가 있었던 것이 아닙니다.

책은 '언제나 살 수 있는 것'으로 하자

책의 가치는 이렇게 순서가 뒤바뀐 형태로 구조화되어 있습니다. 그러므로 저작권을 경시하고 태연하게 해적판을 만들어 돈벌이를 모색하는 사람들 또한 창작자에게 "고맙다"라는 말을 아까워한다는 점에서 '저작권 원리주의자'와 정신적 쌍둥이처럼 닮았습니다. 예를 들어 저작권에 대한 인식이 극히 희박한 나라가 있다고 합시다. 거기서는 해외 서적과 DVD와 CD 해적판이 염가로 유통됩니다. 그 나라 사람들은 단기적으로는 그것으로 큰 이익을 볼 수 있습니다. 그러나 이는 중단되어야 합니다. 타인이 독창적으로 고안한 것을 통해 일군 성과를 타인이 모방하고 복제하여 부를 얻는 것이 허용되는 사회에서는 혁신가에 대한 경의가 뿌리를 내리지 못합니다. 자신이 손수 노력해서 새로운 것을 창조하기보다는 타인이 만들어 내는 것을 기다려 그것을 훔치면 된다는 생각이 지배적인 사회는 구조적으로 '손수 노력해서 새로운 것을 만들어 내자'는 의욕이 파괴됩니다. 그 나라에도 혁신적인 재능은 태어날 테지만 그들은 자신의 독창적인 고안이 표절자에 의해 탐식의 대상이 되는 사회보다는 독창성이 충분한 경의의 대상이 되고 대우받는 사회에서 일하는 것을 선택하겠죠. 단기적인 이익을 좇아 저작권을 가벼이 여기는 사회에서는 창조에 대한 동기 그 자체가 손상됩니다. 중국처럼 해적판이 횡행하는 나라와 미국처럼 저작권이 주식처럼 거래되는 나라는 저작권 문제에서 정반대인 듯 보이지만, 원저작자에 대해 순수한 감사를 잊고 있는 점에서는 꼭 닮았습니다.

저작물은 작가가 독자에게 건네는 '선물'입니다. 그래서 선물을 받아 든 쪽은 그것이 가져다준 은혜에 경의와 감사를 표합니다. 저는 인세란 창작자에 대한 경의가 마침 화폐의 형태를 빌려 제시된 것이라고 생각합니다.

훌륭한 작품을 만들어 독자에게 즐거움을 가져다준 공적에 대해 독자는 고맙다고 말하고 싶은 마음이 들 겁니다. 그 말을 하지 않으면 왠지 찝찝한 기분이 들죠. 이 마음은 일단은 화폐 형태를 띠고 창작자에게 어느 정도 돌아갑니다. 작품의 가치는 증여가 일어난 후에야 비로소 발생합니다. 그래서 '어떻게 증여와 가납이 정체 없이 이루어지는 시스템을 정비할 것인가'가 최우선 과제가 됩니다. 그렇다면 작품의 원활한 이동을 저해하는 요인은 모두 작품의 가치를 떨어뜨리는 것으로 봐야 합니다. 인쇄기가 고장 나서 책을 찍을 수 없다, 종이가 바닥났다, 교통망이 차단되어 배본을 할 수 없다, 서점이 파업해서 책을 팔 수 없다, 정전되어 책을 읽을 수 없다, 소음이 심해서 책을 읽을 수 없다, 노예 같은 노동을 강요당해 책을 읽을 수 없다 등등. 저자로부터 독자에게 순조롭게 증여되는 일을 방해하는 모든 것은 작품의 가치를 떨어뜨리는 방향으로 작용합니다.

'읽고 싶은 책을 곧 읽는다'는 바람이 실현하는 걸 방해하는 모든 사회적 요인은 출판 문화에 해가 됩니다. 어떤 의미에서 보면 단순한 이야기입니다. 우리가 무엇보다 우선 집중해야 할 일은 독자를 만들어 내는 일과 작가의 책을 독자에게 신속하게 닿게끔 시스템을 정비하는 일입니다. 이것이 전부입니다. 제도와 규칙이 제대로 작동하고 있는지는 저마다의 기준에 따라 고려해야 하고요.

종이책과 전자책은 완전히 다르다

전자 기기를 매우 좋아해서 새로운 기기가 나오면 바로 사고 맙니다. 아이패드도 발매 당일에 '득템' 했지요. 그러고는 바로 전자책을 다운로드해서 독서를 시도했습니다. 전자책의 출현으로 종이책의 명맥이 끊기는 것 아니냐는 논란이 항간에 유포되고 있으니 정말 그런지 몸소 음미해 보자는 것이었습니다. 결론은 바로 나왔습니다.

종이책은 없어지지 않습니다. 아니, 종이책이라는 확고한 기반 없이는 애당초 전자책이라는 것이 존립할 수 없다는 것이 제 결론입니다. 그 이유를 이야기해 보고자 합니다.

첫째, 전자책의 가장 큰 어려움은 '어디를 읽고 있는지 모른다'는 것입니다. 확실히 '찰칵' 하고 책장을 넘기는 소리가 나거나, 페이지가 구부러지거나 반대쪽의 활자가 비쳐 보이는 등의 효과로 종이책 읽는 상태를 어느 정도는 경험할 수 있습니다. 하지만 몇 페이지가 남았는지는 알 수 없죠. 도대체 자신이 책 속 어느 부분을, 어느 방향을 향해 읽어 가고 있는지 알 수 없는 겁니다.

자신이 전체 중에서 어느 부분을 읽고 있는지를 조감적으로 끊임없이 점검하는 '맵핑'*에 대해 별로 지적하는 사람이 없지만 이는 책을 읽을 때 필수적인 작업입니다. 어떤 문장이 첫머리 가까이에 있느냐, 중간에 있느냐, 권말이 임박한 곳에 있느냐에 따라 그 문장의 해석 가능성에 큰 차이가 생기기 때문입니다.

예를 들어 추리소설의 경우, 수상한 인물이 이야기 시작 부분에 등장할 때 어느 정도 소설 읽기에 익숙한 독자는 이 사람은 범인이 아니라 이른바 레드헤링**일 가능성이 크다는 추론을 하게 됩니다. 작가는 독자를 잘못된 방향으로 이끌기 위해 차례차례 레드헤링을 던지는데, 이때 남은 페이지 수가 그 진위 판정의 중요한 단서가 되죠. 남은 페이지 수가 어느 한도를 넘으면 독자를

---

* 지도상에 내 위치를 기록하는 것.
** 독자를 잘못된 추리로 이끌기 위한 거짓 단서.

잘못된 방향으로 이끄는 트릭이 더는 나오지 않습니다. 그런 '돌아갈 수 없는 지점'이 존재합니다. 소설 읽기에 익숙한 독자는 이 지점의 앞과 뒤에서 소설을 읽는 방식을 바꿉니다. 그래서 돌아갈 수 없는 지점을 넘은 곳, 이런 곳에서 레드헤링이 나올 리 없다고 생각될 장면에서 독자를 한층 더 잘못된 방향으로 이끄는 대담한 솜씨를 부리는 작가도 있습니다. 추적하는 독자와 도망치려는 작가 사이의 숨 막히는 박진감에는 남은 페이지 수가 깊게 관여합니다.

엄밀하게 말하면, 1층에 앉아 책을 읽는 자신이 떠난 여정, 책을 편 순간부터 덮는 순간까지의 여정을 상공에서 가상으로 내려다보는 힘이 없으면 독서를 즐기는 것은 불가능합니다. 이 과정은 음악을 듣는 일과 다르지 않지요.

음악이라는 것은 '더는 들리지 않는 소리'가 여전히 들리고, '아직 들리지 않은 소리'가 벌써 들린다는 시간 의식의 확대를 요구합니다. 우리는 마치 당연한 것처럼 선율이나 리듬을 말하는데, 이것은 '더는 들리지 않는 소리'를 기억함으로써 '아직 들리지 않은 소리'를 선구적 직감으로 현재에 끌어당겨 경험하고 있기 때문입니다. 그리고 이 음악적 경험은 '더는 들리지 않는 소리'와 '아직 들리지 않은 소리'의 범위가 넓을수록 깊고 두터운 것이 됩니다. 현재에서 전후 수 초밖에 소리를 재생할 수 없는 '단기 기억'의 청취자와 수십 분짜리 교향악을 처음부터 지금까지 모두 재생할 수 있고 그것을 근거로 앞으로 곡이 어떻게 전개될지 예기할 수 있는 청취자는 같은 음악으로부터 끌어낼 수 있는 즐거움의 질이 다릅니다.

저는 이 능력을 '맵핑'이라고 부르는데, 이 능력은 단지 독서나 음악 감상만이 아니라 인간이 살아가는 데 필수적입니다. 자신을 포함한 풍경을 조감하는 힘. 헤겔이라면 그것을 '자기의식'이라고 부를 것이고, 후설이라면 '초월론적 주관성'이라고 부를 것입니다. 뭐라고 부르든 상관없지만 인간이 살아가는 데 필수적인 능력인 것은 확실합니다. 그리고 독서는 그 힘을 함양하는 좋은 기회입니다.

우리는 이야기를 읽을 때 항상 '이야기를 다 읽은 미래의 나'라는 가상적인 소실점을 상정합니다. 독서란 '읽어 가는 나'와, 이야기를 끝까지 다 읽고 모든 인물의 모든 언동 속 모든 수수께끼 같은 복선의 '진짜 의미'를 이해한 '다 읽은 나'와의 공동 작업입니다. 종이책에서는 페이지를 넘길 때마다 '읽어 가는 나'와 '다 읽은 나'의 거리가 좁혀지고 그와 동시에 우리는 '다 읽은 나'가 느끼는 기쁨을 조금씩 앞당겨 맞이합니다. 그리고 마지막 한 페이지의 마지막 한 줄을 다 읽어 낸 순간, 마침내 산의 양쪽에서 터널을 뚫기 시작한 인부들이 암흑의 한 점에서 만나고 거기로 단번에 신선한 공기가 흘러 들어가듯이 '읽어 가는 나'는 '다 읽은 나'와 만납니다. 독서는 그러한 역동적인 과정입니다.

전자책은 이 '다 읽은 나'에 접근하는 느낌을 독자에게 가져다주지 못합니다. 종이책이라는 3차원적 실체를 마주하고 있을 때는 '이야기 끝의 접근'은 손가락 끝이 억제하고 있는 나머지 페이지의 두께가 점차 줄어 가는 것으로 줄곧 실감합니다. 전자책은 주지 못하는 느낌이지요. 만일 여백에 남은 페이지 수가 디지털로 표시되어 있더라도 전자책 독서에서는 '다 읽은 나'라는 가상적 존재에게 파티 초대장을 보내지 않습니다.

두 번째 어려움은 전자책으로는 숙명적인 만남이 일어나지 않는다는 것입니다. 서점에 있으면 제목도 저자도 모르는 책이 마치 나를 끌어당기듯 다가와 그것을 손에 쥐었을 때 '내가 지금 바로 읽고 싶다고 생각했던 그 책'을 만나는 일이 자주 일어납니다. 제목도 저자도 주제도 아무것도 모르는 채로 왠지 모르게 홀린 듯 책을 집어 드는 일이 있죠. 그때 우리를 그 책으로 끌어들인 힘은 무엇일까요. 그것이 어떤 책인지에 대한 사전 지식이 없음에도 불구하고 '그 책이 우리에게 사활을 걸 만큼 중요하다는 것을 선구적으로 아는' 일이 어떻게 일어날까요. 이에 대해서는 두 가지 설명이 가능하다고 봅니다.

하나는, 책을 보내는 사람(저자, 편집자, 표지 디자이너, 서점 직원을 포함해서)이 경의와 애정을 담은 책에는 고유의 오라가 있다는 것입니다. 오랜 세월 사용한 도구에 손때가 묻어 있듯이 보내는 사람들의 생각이 담긴 책에는 독특한 때깔이 납니다. 우리는 서점을 돌아다닐 때 그 '때깔'에 반응합니다. 작가가 대충 쓰고, 출판사도 날림으로 만들고 서점 직원도 무턱대고 아무렇게나 비치한 책에는 그 때깔이 없습니다.

또 하나는 우리가 부리는 억지입니다. '왠지 모르게' 손에 쥔 책 중 아무것도 아닌 것 같은 한 줄이 자신의 인생을 결정짓는 숙명의 한 줄이었다는 것은 실은 책을 들고 그 한 줄을 읽은 뒤에 생각해 낸 사후적 이야기입니다. 어떤 책이든 진지하게 읽으면, 생각이나 느낌이 다소 바낍니다('차가운 맥주가 마시고 싶어졌다'부터 '혁명을 하려고 결심했다'까지 범위는 넓지만요). 한번 읽고 나서 달라진 자신을 '보다 고유한 나'로 만날 수 있다고 생각하면(인간은 반드시 그렇게 생각합니다), 그 책과의 만남은 자신이 가야 할 길을 가리키는 숙명 같은 만남이 됩니다. 억지 같지만, 상관없습니다. 다만 숙명과 만나려면 거기에 우연이 있어야 합니다.

　어느 책을 집어 들어도 상관없지만 그 책을 우연히 손에 쥐었다는 우연성이 보장되지 않는다면 숙명이라는 말은 나오지 않습니다. 그러기 위해서는 '사전에 그 책을 예단하지 않는' 자세가 필요합니다. 극찬하는 서평을 읽었거나 친구들에게 강한 권유를 받았거나 여름방학 과제 도서였던 책은 아무리 재미있게 읽어도 숙명의 만남이라고 우길 수 없습니다. 거기에는 인위가 개입되기 때문이죠.

　'숙명의 책'과 만나려면 독특한 오라에 반응해 끌어당기듯 집어 들었다는, 나 자신을 믿게 만드는 이야기가 꼭 필요합니다. 그리고 그것은 종이책으로밖에 만들 수 없습니다. 언젠가 이 책이 내게 사활적으로 중요한 것이 될지도 모른다는 종류의 선구적 직감은 전자책에서는 작동하지 않습니다. '이번 기회에 이 책을 확보하지 않으면 다시는 마주치지 않을지도 모른다'는 일기일회—期—会의 절박함이 없기 때문입니다.

전자책은 매우 현실적으로 우리에게 '지금 읽고 싶은 책, 읽을 필요가 있는 책'을 제공합니다. 그 대가로 전자책은 책과의 숙명적 만남이라는 이야기에 공범으로 참여할 것을 독자에게 요구하지 않습니다. 전자책은 실수요 대응 및 정보 입력원입니다. 전자책은 욕망이나 숙명이나 자기 동일성과 같은 '공상적인' 것에 볼일이 없습니다. 그러나 독자는 자주 그쪽에 볼일이 있죠.

구전이 중심이던 시대를 지나 글로 매체가 옮겨졌을 때, 우리 뇌 안에서 활발하게 기능하던 '긴 이야기를 암송하는 능력'은 불필요해졌습니다. 그와 마찬가지로 종이책에서 전자책으로 매체가 옮겨갈 때, 책과 만나 책을 읽어 나가기 위해 우리가 필요로 했던 기능의 무언가가 상실됩니다. 저에게는 그 상실된 무언가가 '잃어서는 안 되는 것'으로 보입니다. 제가 종이책이 없어지지 않으리라 보는 이유는 비용이나 접근성이나 휴대의 편리함과는 전혀 무관한 차원의, 인간의 본연적 삶 속 힘의 사활과 관련되어 있습니다.

출판은 독자를 이끄는 전도 활동이다

책이 있으면 모두를 위한 공간이 만들어진다

몰랐는데, 책을 파는 일에는 자격증이 필요 없다고 합니다.(웃음) 그래서 요즘 북카페나 독립서점 같은 곳이 많이 생겼지요. 다만 평일에는 다른 일을 해서 돈을 벌고, 그렇게 마련한 밑천으로 주말에만 여는 방식으로 운영한다고 합니다. 사실 서점을 운영하는 일은 예삿일이 아닙니다. 왜냐하면 책을 반드시 도매상을 통해 입고해야 하기 때문입니다. 그러려면 도매상에 거액의 위탁금을 지불해야 하고요. 도매상을 통해 책을 입고하면 편하긴

편하다고 합니다. 굳이 출판사에 하나하나 연락하지 않아도 되고, 마땅한 책을 도매상에서 알아서 골라 보내 주기 때문입니다. 그런데 독립서점은 애초에 도매상과 거래를 트기가 어렵다 보니 책을 입고하려면 출판사에 직접 연락을 해 책을 받아야 하지요. 도매상을 통하지 않으니 공급률이 높아 정가의 2할 정도밖에 이익을 낼 수 없지만 그래도 상관없다며 서점을 운영하는 겁니다.

제가 들은 인상적인 사례가 몇 있습니다. 미에현에 있는 이세의 료시마치라는 작은 어촌 마을이 있는데요. 이 마을에 살던 어떤 여성은 마을의 하나 남은 서점이 문을 닫자 자신의 집을 개조해서 서점으로 만들었습니다. 서점이 없는 마을에서 살기는 싫다면서요. 그녀는 평일에는 직장에 나가야 해서 주말에만 서점을 열었습니다. 그런데 희한하게도 어떤 광고도 하지 않았는데 무슨 냄새라도 맡은 듯이 책을 좋아하는 사람들이 나타났다고 합니다. "이런 곳에 책방이 생기다니……" 하면서 서점에 와서는 마을 사람들과 책 이야기를 나누다 간다고 하더군요. 이런 일이 벌어지는 것이 너무 즐거워서 서점을 계속 한다고 합니다.

또 다른 사례는 돗토리현의 구라요시에 있는 '기스

이쿠코'라는 북카페입니다. 여기는 모리 군이라는 친구가 운영하는데, 이 친구 참 재미있는 사람입니다. 부인과 둘이서 가게를 열고 그곳을 거점 삼아 다양한 활동을 합니다. 일전에 저도 그곳에서 강연을 한 적이 있는데 옆 마을 사람들도 많이 오더군요. 모리 군은 자신의 취향과 감각에 따라 책을 골라 비치합니다. 그러다 보니 '책 큐레이션이 아주 훌륭하다'는 소문이 난 겁니다. 특색 있는 큐레이션이라고나 할까요. 사실 구라요시는 말 그대로 정말 아무것도 없는 마을인데 갑자기 뜬금없이 서점이 하나 대뜸 생긴 겁니다. 그러니 사람들이 "거기 생뚱맞게 서점이 하나 생겼단다" 하며 신기하다 생각하고 모여드는 것이죠. 그러다 보니 젊은이들이 모였고 이제는 마을의 문화적 거점이 되었습니다. 그 후 강연을 하러 다시 한 번 방문했더니 폐교를 개조해 다목적홀처럼 만들어 사용하더군요. 강연도 하고 영화도 상영하고요. 기스이쿠코의 활동에 자극을 받아 마을 사람들이 모였고 이런저런 아이디어를 토대로 새로운 활동을 시작하게 된 겁니다.

다른 사례를 하나 더 들어볼까요? 저의 젊은 친구인 한 부부는 나라의 히가시요시무라라는 곳에서 루차 리브로라는 사설 도서관을 운영합니다. 집 서가를 개방해 도서 열람과 대출이 가능하도록 했지요. 입소문이 나자 여러 사람들이 찾아왔고, 차를 대접하며 책 이야기를 나눈다고 하더군요.

앞서 자신이 사는 마을에 서점이 없어 직접 서점을 열고는 주말에만 운영한다는 사례를 기억하실 겁니다. 여기서도 재미있는 사건이 일어났습니다. 서점이 없는 마을에 서점을 열자 인구가 백오십 명밖에 되지 않던 마을 인구가 늘어났다는 겁니다. 서점이 생기자 옆 마을에서 이곳으로 이주했기 때문입니다. 자연스레 출생률도 올라갔고 평균 연령은 낮아졌습니다. 서점 하나가 인구 감소 국면을 완전히 전환한 것이죠.

이 사례에 등장하는 이들은 책을 매개로 삼는다면 모종의 공공 공간을 구축할 수 있다는 것을 직감적으로 알고 있었던 것은 아닐까 싶습니다. 책을 기반으로 '언더그라운드 네트워크'를 만든 셈이니까요. 상업 출판 네트워크와는 결이 다릅니다. 왜냐하면 이들은 책을 상품으로 보지 않기 때문입니다. 독점하는 '자산'이 아닌 모두가 나누는 '공공재'라고 생각합니다. 책이 가득한 책장에서 원하는 책을 언제든 골라 읽을 수 있고, 책 이야기를 나눌 사람이 있다는 것만으로도 행복한 사람들인 겁니다.

지금까지 일상을 영위하는 데 필요한 모든 물품은 시장에서 화폐로 조달했습니다. 그런데 그 규칙에 지친, 진절머리가 난 사람들이 등장했습니다. 생필품일수록 사유하지 않고 공유해 필요한 사람이 필요한 만큼 사용하자는 이야기가 자연스레 나온 것이죠.

사람들을 만나면 "지방은 어떻게 해야 살아남을 수 있을까?" "지방은 어떻게 재생할 수 있을까?" "지방이 어떻게 문화적 거점 역할을 할 수 있을까?" 같은 인구 감소와 지방 소멸에 관한 질문을 많이 받습니다. 그럴 때도 저는 앞서 이야기한 사례를 소개합니다.

독자를 한 사람이라도 더 만드는 일

거듭 이야기하지만 제가 볼일이 있는 쪽은 어디까지나 '독자'이지 '구매자'가 아닙니다. 제 책을 사는 독자는 아마 블로그나 연재에서 제 글을 이미 읽었을 텐데 새삼 책으로 다시 만들어 출간했다니 한번 사 볼까 싶은 마음으로 구매할 듯합니다. 쓴 글의 양이 너무 많고 하도 여러 곳에 연재를 하다 보니 원하는 키워드의 글을 찾아 읽으려면 큰 수고를 무릅써야 하지만, 책으로 읽으면 그런 어려움 없이 수월하게 글을 읽을 수 있기도 하고요. 비유를 해 보자면, 제 블로그는 이런저런 식재료가 즐비한 밭입니다. 이 식재료는 모두 무료고요. 하지만 이 식재료를 잘 조합해 어떤 요리를 만들어 내는 것은 요리사의 일입니다. 다시 말하면 제 글은 식재료고 편집은 요리인 셈입니다. 책을 구매하면 독자는 편집자가 요리한 책이라는 맛있는 요리를 즐길 수 있습니다.

볼일이 있는 쪽이 '독자'인지 '구매자'인지 가늠하는 것은 출판인에게도 큰 화두라고 생각합니다. 이와 관련해 한번 생각해 봄직한 이야깃거리가 있습니다. 일본의 사회적 문제로 대두되는 것 중 하나가 '뒷돈 문제'인데요. 자민당의 어떤 정치가가 자신에 관해 쓴 책을 구매하는 데 예산 3500만 엔을 책정했다고 합니다. 그 책을 구매해 자신의 지역구 유권자에게 무상으로 배포했겠지요. 이 이야기를 듣고 이 책을 쓴 작가의 기분을 상상해 보았습니다. 자신이 쓴 책이 많이 팔려 인세 수입이 늘어나 기뻤을까요? 아니면 자신이 쓴 책은 무료로 나누어 주지 않으면 사려는 사람이 거의 없다는 사실에 의욕을 잃었을까요?

물론 작가는 엄청난 인세 수익을 얻고 출판사도 많은 돈을 벌고 정치가 역시 효과적인 선거 유세를 할 수 있겠지요. 작가도, 출판사도, 정치가도 행복한 책. 윈윈입니다. 이런 책이 보통 베스트셀러가 되고요. 하지만 저는 이 일이 작가에게는 대단히 굴욕적인 일이라고 생각합니다. 엄청난 수가 팔려도 대부분 읽지 않는 책이 되는 것이지요. 책을 대량으로 구매해 이 사람 저 사람에게 막 뿌린다는 것은 그 사람들이 그 책에 볼일이 있는 독자가 아니라는 겁니다. 무상으로 받은 책을 그들은 헌책방에 100엔 정도를 받고 팔아 버릴 테고요. 그러니 무엇보다도 그 '책'에 아주 굴욕적인 일입니다.

만약 누군가 "당신이 쓴 책을 천 권 사 주겠다. 대신 사자마자 전부 불태우겠다"라고 한다면 어떨 것 같나요? 볼일이 있는 사람이 '구매자'라면 이 제안이 아프기는커녕 가렵지도 않을 테고 오히려 웃으며 만세를 부를 겁니다. 반면 볼일이 있는 사람이 '독자'라면 매우 고통스러울 겁니다. 저는 제 책이 도서관이든 서점이든 어디에서 읽혀도 아무런 상관이 없습니다. 마침 우리 집에 있어서, 친구에게 빌려서 읽었다고 해도 상관없습니다. 제 책을 읽어 주는 것만으로도 기쁩니다.

당연하게도 우리는 모두 '무상의 독자'로 긴 독서 인생을 시작합니다. 태어나서 처음 읽는 책은 독자로서 읽는 것이지 구매자로서 읽지 않습니다. 내가 태어나서 처음 읽었다고 해서 작가에게 어떤 인세 수입도 가져다주지 않지요. 이렇게 쭉 책을 계속 읽다 보면 어느 날 처음으로 용돈을 모아 책을 사는 날이 옵니다. 그러나 그 날이 오기까지 몇백 권, 몇천 권의 책을 무료로 읽는 독자 인생을 걷지요. 이 '무상의 독자' 기간을 토대로 비로소 책을 구매하는 행위가 발생합니다.

따라서 출판인에게 정말 중요한 것은 독자를 한 사람이라도 더 많이 획득하는 것입니다. 그러려면 독자가 책을 계속 읽을 수 있도록, 더불어 문해력을 키울 수 있도록 돕는 일이 무엇보다도 중요하겠지요. 높은 문해력을 가진 독자를 수백 명 수천 명 만들어 내어 그들이 지갑을 열고 처음 책을 구매할 때 그 선택을 받는 책을 만드는 것. 그것이 출판인의 목표가 되어야 한다고 생각합니다. '출판 비즈니스'라는 것이 성립하려면 읽는 사람을 한 사람이라도 더 많이 만들어 내는 일을 게을리해서는 안 된다고 생각합니다.

저도 편집자나 출판사 영업 직원과 대화를 할 때가 종종 있습니다. 그럴 때 '시장 수요'라는 말을 먼저 꺼내는 사람에게는 믿음이 별로 가지 않습니다. 독자가 도대체 어떤 책을 읽기를 바라는지를 먼저 생각하는 사람, 즉 독자가 찾는 책만을 목표로 책을 만들고 파는 사람은 정말 솔직히 말해서 출판 일을 안 했으면 좋겠다고 생각할 정도입니다. 그렇게 베스트셀러를 만드는 편집자는 독자를 깔보고 있다고 생각합니다. "이런 책을 내면 독자가 좋아하겠지?" 하면서요. 슬픈 일이지만 그런 책이 잘 팔리긴 하더라고요. 하지만 시장 수요에 근거해 책을 만들면 출판문화는 점점 쇠퇴하기 마련입니다.

출판은 여기와 다른 곳으로
독자를 이끄는 전도 활동

제가 전에 가르쳤던 고베여학원대학은 어떤 수요도 없는 곳에서 시작되었습니다. 미국의 여성 선교사 두 명이 기독교 금지령이 해제되고 한 달이 채 지나지 않아 일본에 와 세운 학교인데요. 그들은 샌프란시스코에서 승선할 때부터 일본은 포교가 금지되어 있어서 가 봤자 아무것도 할 수 없다는 사실을 이미 알고 있었습니다. 그런데 막상 일본에 도착해 보니 금지령이 해제된 것이죠. 당시 일본에는 기독교인이 전혀 없었습니다. 그 상황에서 미션 스쿨을 세운 겁니다. 그리고 기독교, 영어, 세계사 등을 가르쳤지요. '일본인을 위한 가정' 같은 수업도 있긴 했지만 그 어떤 과목도 당시 일본에서 '실용 학문'으로 사회적 수요가 있는 과목이 아니었습니다. 다시 말해 고베여학원대학은 학교를 설립할 때부터 아무도 원하지 않은 곳에 '먼저 치고 들어와서', '굳이 배우고 싶어 하는 사람이 없어도 가르치고 싶다'는 기묘한 포부를 담은 깃발을 세운 셈입니다. 배우고 싶은 사람을 만들어 내려고 가르치러 온 것이지요. 배우고 싶은 사람이 있어서 가르치러 온 것이 아닌 겁니다. 이 깃발 밑에 하나둘 모여드는 이들을 가르쳤지요. 시장 수요에 대응해 교육 프로그램을 정비하는 오늘날의 교육과는 완전히 반대입니다. 시장을 완전히 무시한 겁니다.

학교는 자기가 지금 발 딛고 있는 사회와는 다른 세계, 이계異界로 통하는 문을 열어 주는 곳입니다. 책도 비슷합니다. 책 또한 자신이 발 딛고 있는 사회의 것과는 전혀 다른 가치관, 미의식, 논리가 작동하는 곳으로 독자를 데려가지요. 언어도 종교도 우주관도 문화도 생활 습관도 성별도 모두 다른 사람을 통해 세계를 새로이 경험하는 일을 가능케 합니다.

서점에 있는 책은 크게 두 종류로 나눌 수 있습니다. 하나는 현실의 수요에 대응하는 책입니다. 토익 점수를 올리는 책, 부자가 되는 책, 사흘 만에 살이 빠지는 책 같은 것이죠. 다른 하나는 여기와는 다른 곳으로 독자를 데리고 가는 책입니다. 다시 말해 자그마한 틈이 나 있는 책입니다. 우리는 사회의 가치관에 따라 우리의 위치가 정해집니다. '넌 이런 대학을 나왔고 이런 능력을 갖고 있고 이런 일을 해야 한다' 하는 식으로요. 어쩔 수 없는 일이긴 하지만, 잠깐이라도 좋으니 이 고정관념에서 벗어나고 싶다 혹은 붙박인 곳에서 도망치고 싶다 하는 욕망이 누구에게나 있을 겁니다. 이로부터 일시적으로나마 해방시키는 역할을 책이 한다고 생각합니다. 다시 말하면 '넌 언제까지나 이 사회에 소속되어 있으니 한 발짝도 못 벗어난다'고 현실에 붙잡히도록 만드는 책과 그 붙잡힘에 위화감을 느끼고 빠져나갈 수 있는 길을 보여 주는 책, 두 종류가 있는 겁니다.

앞서 이야기한 독립서점의 큐레이션 또한 다른 세계로 향하는 길을 열어 보여 주는 시도가 될 겁니다. 출판 일을 두고 제가 '전도'라고 말하는 이유도 같은 맥락입니다. 현대 사회를 살아가는 사람들 모두 다 바쁘죠. 그런 사람들의 소매를 붙잡고 "잠시만요. 지금 여기 말고 다른 곳으로 가 보시지 않겠어요? 여기와 다른 곳이 있습니다" 하고 말을 건네며 설득하는 일이기 때문입니다. 여기와는 다른 곳으로 데리고 가는 일이자 여기와는 다른 곳으로 통하는 길을 확보하는 일이지요.

제가 개풍관에서 하는 합기도 수련도 비슷합니다. 개풍관도 수요가 있어서 열지 않았습니다. 그러고 보니 대학 교수 시절 수업 중에 합기도에 관해 열심히 설명을 했었습니다. 선생이 그렇게 열심히 설명하니 호기심을 가진 학생들이 하나둘 합기도에 입문했습니다. 제로부터 시작한 셈인데, 아마 다들 알고 있을 겁니다. 자신을 가두고 있는 이 사회의 가치관이나 미의식과는 전혀 다른 세계가 존재한다는 것을요.

고등학교 입학식이 기억납니다. 당시 신입생이 450명 정도였는데 모두 서로 몰랐지요. 앞으로 이 중에서 친구를 만들어야 할 텐데 누구와 친구가 되면 좋을까 생각하고 있던 차에 교장 선생님 훈화 말씀 중 한 친구가 혀를 쯧 차는 겁니다. 그 순간 저 녀석과 친구가 되어야겠다 결심했습니다. 누군가 재미없는 이야기를 할 때 다른쪽을 쳐다보는 일, 그런 행위는 힘이 셉니다. 대세에 반기를 드는 행위에는 굉장한 힘이 있다고 생각합니다. 제친구 말을 잠시 빌리면 칠흑 같은 어둠 속에서 홀로 총을쏘며 이 세상에 나 홀로 있다고 생각할 때 멀리서 총성이들리면 그렇게 반가울 수가 없다는데, 바로 그런 겁니다. 나 말고 다른 사람이 함께 싸우고 있다는 것을 알면 용기를 얻게 되지요.

출판 일도 마찬가지입니다. 출판에 길이 있다면 저먼 어딘가에서 같은 적에 맞서 싸우는 사람과 연대하는것, '싸우는 소수'와 연대하는 것, '마이너리티'를 갖는것뿐이라고 생각합니다.

옮긴이의 말
우치다 다쓰루 팬을 한 명이라도 더
확보하기 위하여

"팬이란 팬의 숫자를 어떻게 하면 늘릴 수 있을까를 늘
궁리하는 사람이다."
"팬에게 작품을 소개할 때는 '슬쩍' 내미는 것이 무엇보
다 중요하다."

지난 2020년 9월 17일 미시마출판사 주최로 열린 우치
다 다쓰루 선생의 책 『일본습합론』日本習合論 출간 기념
사제간 온라인 북토크에서 우치다 선생이 하신 말씀이
다. 이 말씀을 듣고 무릎을 연타하며 전율하는 동시에 그
동안 우치다 선생의 책을 한국에 알리려고 열심히 노력

한 나의 행보가 주마등처럼 스쳐 갔다.

히로시마 야스다여자대학 화장실에서 우치다 선생과 운명적으로 만난 2011년 11월 27일(정확하게는 이날 오후 5시 37분) 이후부터 선생의 책을 한국에 소개하려고 '맨땅에 헤딩' 전략으로 여러 출판사에 번역 기획서를 마구 보냈다. "이 책의 한국어판을 꼭 내고 싶습니다. 한 사람이라도 더 많이 이 책을 꼭 읽어 주었으면 하니 부디 검토 부탁드리겠습니다" 하면서.

돌이켜보면 나는 '수요'가 없는 곳에 '공급'이 치고 들어가는 것, 배우려는 사람이 없는데 무작정 먼저 가르치려고 애쓰는 것, 애당초 읽으려는 사람이 아무도 없는데 제발 이 책을 읽어 달라고 소매를 붙잡고 간청하는 것 등 어떻게 보면 자본주의 시장 논리와는 대척점에 선 이런 행동을 줄기차게 해 왔다. 이런 전략은 실은 내가 우치다 선생에게서 선물 받은 가장 값진 배움 중 하나다. 우치다 선생의 '맨땅에 헤딩' 미학에 관한 이야기는 더 있다.

글쓴이가 자신과 똑같은 생각을 하는 독자를 상정해서 그들의 우호적인 반응을 상상하며 글을 쓴다면 그가 쓰는 것은 사상이 아니라 이데올로기이다. 사상과 이데올로기의 차이는 다름 아닌 거기에 존재한다.

사상을 말하는 자는 "이러한 말을 하는 것은 현재 나뿐이라서 내가 말하기를 그만두면 나와 함께 사라진다. 그런데 내가 계속 말하다 보면 언젠간 내 생각이 받아들여지고 사람들이 점차 이해하게 되고 그것에 주파수를 맞추어서 사고하는 독자들이 나타날 것이다. 그때 나의 생각은 개인의 것에서 벗어나 공공성을 획득할 것이다"라고 생각한다.

반면에 이데올로기를 말하는 자는 "나와 똑같은 생각을 하는 인간은 무수히 많아서 내가 말하기를 멈추어도 누구든지 나 대신에 똑같은 말을 할 것이다. 그렇기에 내 말이 조잡하고 비논리적이고 나열해야 할 증거가 부족하여 지금 이것을 읽는 독자를 납득시키지 못해도 전혀 문제가 없다"라고 생각한다.

역설적이지만 사상의 공공성을 지탱하는 것은 고립되어 있다는 것의 자각이고 이데올로기의 폐쇄성을 만드는 것은 압도적인 다수가 자신과 똑같은 의견일 것이라는 근거 없는 신뢰이다.   —『우치다 선생이 읽는 법』

그동안 우치다 선생의 책을 많이 번역했고 '우치다 다쓰루론' 두 권을 썼다. 이 두 책은 겉으로는 '에세이' 혹은 '연구서'의 형태지만 실은 '팬'으로서의 글쓰기라고 보는 것이 더 정확하다. 우치다 선생의 책을 한 사람이라도 더 많이 읽었으면 하는 바람이 전광석화처럼 불쑥불쑥 솟구쳤기 때문이다. 그러나 안타깝게도 우리 모두의 말은 생각을 따라잡지 못하고 더듬거리고 또 비틀거리면서 나타난다. 하고 싶은 말들은 언제나 뒤늦게 도착하므로.

하지만 가끔은 '말', '기호', '문자'가 생각을 앞지른다. 우치다 선생의 '팬이란 팬의 숫자를 어떻게 하면 늘릴 수 있을까를 늘 궁리하는 사람'이라는 말씀과 '슬쩍'이라는 부사가 바로 그랬다. 말이 생각을 앞지를 때 나 같은 팬은 암흑 속에서 한 줄기 빛이 비치는 희망의 순간을 경험한다. 혹은 갈증으로 목이 타는 한여름 날 시원한 냉수를 마시는 듯한 짜릿한 경험으로 전율한다.

그러나 오해해서는 곤란하므로 빠르게 덧붙이자면, 이 경험은 제자이자 팬인 나의 생각과 의도를 정확히 꿰뚫어서 가능한 것이 아니다. 말이 생각을 허겁지겁 따르는 게 아니라 거꾸로 말이 앞장서서 질주하며 새로운 생각을 생성하고 조형하고 이끌어 갔다는 이유에서다. 그 말은 새로운 눈과 어휘 꾸러미로 세상을 바라볼 수 있도록 해 준다. 내가 '팬이란 팬의 숫자를 어떻게 하면 늘릴 수 있을까를 궁리하는 사람'과 '슬쩍'이라는 어휘 꾸러미를 이윽고 얻은 것처럼.

타인에게 경험을 권하는 팬의 화법은 아주 독특하다. 상대가 그에 관심을 갖도록 만들어야 하는데, 강요한다는 느낌을 줘서는 또 안 된다. 너무 강하게 권유 받으면 그 작품과의 만남이 누군가에 의해 강제되어 '우연히' 만났다는 숙명감이 들지 않기 때문이다. 뭔가를 정말로 좋아하려면 우연히 만났다는 조건이 반드시 필요하다. 정확히는 우연히 눈이 맞았으나 나중에 생각해 보니 숙명적인 만남이었다는 '이야기'가 중요하다.

이 책의 큰 주제인 '책'과도 대개 이렇게 만난다. 서점의 서가 사이를 별생각 없이 걷고 있을 때 한 권의 책과 '눈이 맞는다'. 책 제목의 음운이라든지 책 표지의 색감이라든지 책에서 풍기는 냄새 같은, 책 내용과는 별 관계없는 점에 어쩐지 끌려서 책을 일단 한번 들어 보게 된다. 생전 처음 들어보는 저자인데도 그 책을 파라락 펼쳐보니 갑자기 저자의 숨결이 가깝게 느껴져서 그냥 그대로 그 책을 들고 계산대까지 걸어간다. 대체로 책과의 숙명적 만남은 그런 느낌이다. 그 책을 호평하는 기사를 봤다든지, 온라인 서점에서 대대적인 광고를 봤다든지 혹은 친구가 강하게 권해서 읽었다면 '내가 발견한 책'이라고 말할 수 없다. 우연히 눈이 맞았다고도, 숙명적인 만남이라고도 말하기 어렵다.

나는 정말 좋아하는 작품을 다른 사람에게 꼭 추천하고 싶어 하면서도, 가능하면 그 작품과의 만남을 나처럼 그 사람도 '숙명적으로' 경험하기를 바란다. '박동섭에게 시끄럽게 추천받았다'는 인상이 남지 않도록 늘 세심한 주의를 기울인다. 그렇지 않으면 그 사람의 'all time best' 리스트에는 들어가지 않기 때문이다. 거기에는 스스로 찾은 것밖에 들어가지 않는다. 그러면 나도 곤란하다.

'팬이란 팬의 숫자를 늘리는 것을 주 업무로 하는 사람'이라는 선생의 말에 나는 이렇게 답하고 싶다. 그렇다면 팬의 가장 중요한 역할은 가능한 한 많은 사람이 '이 작품은 나와 만날 운명이다'라고 생각할 수 있도록 '슬쩍' 작품을 내보이는 것이다.

『도서관에는 사람이 없는 편이 좋다』는 일본에서는 출간되지 않은 책이다. 지금까지 한국에 번역 출간된 모든 우치다 선생의 책은 일본에서 먼저 출간된 다음 한국 출판사가 판권을 사 번역해 만드는 방식으로 출간되었다. 그런데 이 책은 그렇지 않다. 우치다 선생님이 책, 도서관, 서점, 출판사를 주제로 다양한 매체에 쓰신 글을 옮긴이가 '식음반폐'해 가면서 모아 번역했다.

선생이 다양한 매체에 기고한 글을 모아 책으로 묶는 경우는 종종 있지만(일본에서는 이런 방식으로 기획되는 책을 '콤비네이션 책'이라고 부른다) 이 책은 몇 가지 지점에서 특별하다.

하나는 보통 '콤비네이션 책'이 출판사의 편집자와 저자가 합작해 만들어지는 것과 달리 이 책은 편집자가 아닌 옮긴이와 저자의 합작품이다. 책을 계약할 때부터 책의 전체 꼴을 구상하기까지 쉴 새 없이 선생을 귀찮게 했음에도 늘 반가운 얼굴로 맞이해 주신 우치다 선생께 감사의 말씀을 전하고 싶다.

이 책은 저자와 옮긴이뿐 아니라 또 한 사람이 참여하지 않았다면 세상에 빛을 보지 못했을 것이다. 유유출판사의 조성웅 대표다. 조 대표는 우치다 선생이 관련 주제로 쓴 글을 묶어서 한국 독자들에게 소개하고 싶다는 염원을 갖고 때론 격려하고 때론 재촉하고 심지어는 어루만지는(?) 등 다양한 전략을 구사하여 부지런히 원고를 모을 수 있도록 사기를 북돋워 주었다. 이 자리를 빌려 그의 수완에 경의를 표한다.

이 책에는 보통 책을 만들 때보다도 절박함과 기동성이 더 많이 들어갔다고 자부한다. 우치다 선생이 블로그에 올리는 글은 누구나 읽을 수 있다. 그러나 이 책에 모은 글은 블로그 외에도 출처가 다양하다. 선생의 글을 좋아해 마침 정기적으로 기고하는 글을 받아 보고 있던 터라 이 주제로 글을 어렵지 않게 모을 수 있었다. 나아가 우치다 선생의 글을 한 사람이라도 더 많은 한국 독자에게 소개하고 싶은 절박함이 더해져 다양한 검색 방법을 총동원했고 급기야 선생 본인도 쓰신 것을 잊은 원고까지 찾아내기에 이르렀다. 일본에 가 선생을 직접 뵙고 강의를 청해 듣기도 했다.

내친김에 한 가지 덧붙이자면 '저작권에 대한 원론적인 질문'이라는 제목의 글은 사실 당일치기로 가족은 물론이거니와 아무에게도 알리지 않고 서울 국회도서관에 직접 가서 복사해 온 것이다. 이전에 저작권 관련 글을 기고하신 것을 기억하고 있어서 선생께 원고를 요청했지만, 선생께서도 찾을 수 없다고 하셔서 검색 끝에 부산에서 서울까지 한걸음에 달려가 손에 넣었다. 책 한 권을 만드는 데 이런 정성을 들이는 편집자가 있을까?

　　이 책을 독자에게 소개하면서 역자인 나는, '한 사람이라도 많은 사람이 읽어 주었으면 좋겠다는 절박함으로 독자의 소매를 붙잡으며 간청하는 '태도'와 '책을 슬쩍 내놓는, 어찌 보면 좀 쿨한 태도'라는 얼핏 양립하기 어려운 두 가지 상반되는 태도를 동시에 취하려 시도했다. 이 또한 내가 우치다 선생님으로부터 배운 값진 선물 중 하나다. 독자 여러분은 이 경계 사이 왕복 운동을 마음껏 즐겨 보시기 바란다.

추천의 말

'도서관적 시간'을 되찾기 위하여

이용훈(도서관문화비평가)

우치다 다쓰루 선생은 도서관뿐 아니라 책과 관련된 이야깃거리를 두고 다양한 측면에서 명쾌하면서도 확신에 찬 목소리로 도발적인 질문을 던지며 자신의 생각을 펼친다. 많은 이들이 더 이상 책을 읽지 않아 책맹 사회, 책맹 인류 시대가 되었다 평하고 책의 종말을 공공연하게 말하는 지금도 선생의 이야기는 유효하다. 선생은 이 시대의 잘못된 흐름을 지적하고 시장의 논리에 매몰되어 책을 제대로 이해하지 못하는 사람들에게 날카롭게 일갈한다. "책이란 무릇 우리 안에 있는 꽁꽁 얼어버린 바다를 깨뜨리는 도끼가 아니면 안 되는 거야"라던 카프카의 말 속 '도끼'에 딱 들어맞지 않나 싶다.

　도서관에 관한 책을 만나면 무조건 반갑다. 그런데 '도서관에는 사람이 없는 편이 좋다'라니. 도서관에서 일해 온 나는 '요즘에도 이런 말을 할 수 있는 사람이 있구나, 그렇지' 하며 맞장구를 치면서도 한편 '정말 그럴까?' 하는 질문을 스스로에게 던졌다. 선생이 언급한 일본 규슈의 민간 위탁 도서관이 겪는다는 상황은 우리나라도 크게 다르지 않다. 방문자 수를 늘려라, 잘 대출해 가지 않는 책은 모두 버려라 같은 압력은 우리나라 도서관도 두루 받고 있다. 공공 도서관 민간 위탁 운영이 꽤 확산되어서, 도서관도 사서도 효율적 운영이니 고객 만족이니 하는 것에 매달린다. 그러니 도서관이 책 비치와 사서의 전문적 서비스 대신 시설과 공간 활용을 최우선으로 고려하고 만 것이다. 사서와 시민이 도서관이 지향해야 할 참된 가치와 운영 방식을 스스로 고민하지 못하고, 우리의 도서관이 올바른 방향으로 가고 있는지 제대로 점검할 여지조차 없다.

　문득 떠오르는 분이 있다. 지난해 12월 세상을 떠난 재일조선인 작가 서경식 선생이다. 2018년 당시 도쿄게이자이대학 도서관장을 맡고 있던 서 선생은 평소 자주 연락하며 지내는 임윤희 나무연필 대표와 함께 나와 동료 두 명(안찬수, 조금주)을 도쿄로 초대해 일본 도서관 관계자들과 만나 대화하고 여러 도서관을 둘러보는 시간을 마련해 주셨다. 선생은 일본 대학생들이 좀 더 책을 읽게 하려면 어떻게 해야 할지 고민하고 있던 터라 한국의 상황을 전해 듣고자 하셨다. 그때 선생이 그 자리에 모인 도서관 관계자들을 앞에서 도서관은 '신자유주의적 시간'과 반대되는 '도서관적 시간'을 회복해야 한다고 말씀하셨다. '도서관적 시간'이란 간단히 답을 얻을 수 없는 깊은 질문(인간에 관한 질문은 대체로 그러하다)에 침잠하며 끝없는 문답에 몰두하는 시간으로, 그 과정 자체가 풍요와 기쁨으로 가득하다. 그러므로 이 시간을 회복함으로써 '비용 대 효과', '성과주의'로 표상되는 '신자유주의적 시간'과 근대 시민을 전근대 신민으로 만들고자 하는 '천황제적 시간'에 대항해 '인간의 시간'을 되찾아야 한다는 주장이었다. 이 이야기를 듣고 놀란 나는 이 이야기를 국내 도서관 관계자에게도 전해야 한다고 생각해 한국에서 선생과 도서관 관계자들이 만나는 자리를 마련했다. 하지만 우리가 과연 스스로 또는 함께 '도서관적 시간'을 되찾으려는 노력을 기울이고 있는지는 잘 모르겠다. 궁금하고 아쉬울 따름이다.

　"도서관이란 거기에 들어가면 경건한 마음이 드는 장소"이고 "본질적으로 초월적인 것을 불러오기 위한 성스러운 장소 중 하나"이며 "도서관은 그곳을 찾은 사람들의 '무지'를 가시화하는 장치"라는 우치다 다쓰루 선생의 말을 곱씹으며 이런 질문을 하지 않을 수 없었다. 과연 우리에게 도서관이란 어떤 곳이어야 할까? 시민들은 어떤 도서관을 원하는가? 도서관 관계자는 왜 자신들이 책임지고 있는 공공성의 장인 도서관을 시민들에게 제대로 알리고 이해시키지 못했을까?

　근대의 도서관은 개개인이 시민으로서 역량을 키우는 데 필요한 독서를 돕고 보편적 지식과 정보를 공공에 제공하여 시민사회 형성에 기여했다. 더불어 전통적인 도서관의 개념에 더해 프랑스혁명 이후 인류가 확장해온 개인의 독립과 자립, 존엄과 평등, 기본적 인권과 사상 표현의 자유 등 보편적인 가치를 담아내는 것까지로 도서관의 사명이 확장되었다. 그러나 우리나라에서는 근대적 의미의 공공도서관이 자리를 잡기도 전에 일제 식민시대를 거치며 도서관이 지배를 위한 도구이자 사상 통제 기관으로 전락했다. 해방 후에도 공동체 이익에 기여하는 공공성의 공간으로 기능하기보다는 개인의 성공이나 영달 같은 사적 이익에 기여했다. 다행히 1990년대 들어 민주화와 지방자치가 확대되면서 도서관도 문화 기관이자 공동체를 형성하고 강화하는 핵심 공공기관으로 변모를 시도했다. 하지만 자본과 시장의 힘이 커지고 각종 기술 발전에 따라 시대가 변하며 도서관을 다시 효율과 경쟁의 장으로 내몰고 있어 제 역할을 다하기 어려운 실정이다.

　　우리나라의 기본 법률인「도서관법」은 도서관을 "국민에게 필요한 도서관자료를 수집·정리·보존·제공함으로써 정보이용·교양습득·학습활동·조사연구·평생학습·독서문화진흥 등에 기여하는 시설"로 규정한다. 2022년 새롭게 법을 고치면서 이전에는 없던 '기본이념'(제2조)을 새로 명시했는데, 여기서도 도서관은 "국민의 정보기본권 신장과 사회의 문화발전에 기여하여 지식문화 선진국을 창조하는데 중요한 기반시설 중 하나"라고 규정된다. 그런데 도서관을 시설로 규정하면 도서관을 구성하는 3요소 중 가장 중요한 요소인 '사람', 즉 운영을 담당하는 사서와 이용하는 시민을 배제하는 셈이 된다. 장서나 건물, 시설 등은 중요시하면서 정작

가장 중요한 요소인 사람은 소홀히 하는 것이 현실이다. 일례로 '사서는 도서관을 지키는 사람이자 도서관이라는 새로운 세계로 통하는 문을 지키는 문지기'라는 우치다 선생의 말과 사뭇 다르게 정작 현실의 사서는 설 자리도 마땅치 않다. 나아가 사서를 양성하는 교육과 훈련의 장인 대학교마저도 이미 자본과 시장 논리에 발맞추고 있어 상황은 더욱 어렵다. 도서관 수가 늘고 도서관을 찾는 사람이 많아져도 도서관이 갖는 의미나 가능성을 충분히 펼치지 못해 그저 시설로만 존재하는 경우가 많다. 안타까울 따름이다.

작금의 도서관 현실이 이런 데에는 물론 행정 등 외부적 요인에 일정 책임이 있으나 현장에서 사서로 가져야 할 윤리와 책무를 다시금 점검해 볼 필요도 있을 것 같다. 우치다 선생은 "사서란 책을 사랑하는 온화한 사람들"이지만, 책과 도서관을 위협하는 이들에게는 "전력으로 저항하라"며 선동한다. 이 말을 듣고 일본의 사서들이 놀랐다는데, 아마 우리 사서들도 다르지 않을 것이다. 선생이 덧붙인 "싸울 때는 싸워야 한다"는 말에 모쪼록 용기를 낼 수 있다면 좋겠다. 물론 최근 사서들이 조직적으로 대응하는 사례가 늘고 있으니 어쩌면 우리도 정말 시민들에게 도서관다운 도서관을 선물할 날이 오지 않을까 기대를 가져 본다.

시민들께도 당부하고 싶다. 도서관을 우리 모두의 평화와 평등을 기반으로 쌓아 올린 민주 사회를 유지와 성장에 필요한 곳이자 건강한 시민성을 함양하는 데 필요한 곳으로 여겨 주기를 바란다. 도서관이 자본과 시장 논리를 펼치는 데 이용되지 않고 서로 환대하는 공공의 공간이 될 수 있도록 주체적인 역할을 해 주길 바란다. 그리하여 모두가 '도서관적 시간'을 누릴 수 있기를 바란다.

도서관에는 사람이 없는 편이 좋다
: 처음 듣는 이야기

2024년 4월 14일   초판 1쇄 발행
2024년 9월 14일   초판 3쇄 발행

지은이   **옮긴이**
우치다 다쓰루   박동섭

펴낸이   **펴낸곳**   **등록**
조성웅   도서출판 유유   제406 - 2010 - 000032호(2010년 4월 2일)

                    주소
                    경기도 파주시 돌곶이길 180 - 38, 2층 (우편번호 10881)

전화   **팩스**   **홈페이지**   **전자우편**
031 - 946 - 6869   0303 - 3444 - 4645 uupress.co.kr   uupress@gmail.com

                    페이스북   **트위터**   **인스타그램**
                    facebook.com   twitter.com   instagram.com
                    /uupress   /uu_press   /uupress

편집   **디자인**   **조판**   **마케팅**
인수, 김정희   이기준   정은정   전민영

제작   **인쇄**   **제책**   **물류**
제이오   (주)민언프린텍   다온바인텍   책과일터

ISBN 979 - 11 - 6770 - 087 - 2 03020